La Civilisation Française C 1

Lehrerheft von Dr. Winfried Croon

D1620526

Hirschgraben-Verlag · Frankfurt am Main

ISBN 3-454- 6411 0-1

LA CIVILISATION FRANÇAISE

Ausgabe C – Lese- und Übungsbuch für die Sekundarstufe II

Gesamtübersicht

Teil I – La France et les Français (Nr. 641)
       Lehrerheft (Nr. 6411)
Teil II – La Littérature française (Nr. 642)
       Lehrerheft (Nr. 6421)

1975
Satz, Druck: Dr. Alexander Krebs, Hemsbach
Binden: Fink, Groß-Gerau

EINFÜHRUNG

Die Lesebücher sind vor einigen Jahren ins Gerede gekommen[1]. Inzwischen wird kaum noch über Lesebücher gesprochen[2]. Sind sie der Rede nicht mehr wert?

Das Aschenputtel der Oberstufenarbeit ist jedoch nach wie vor rüstig am Werk: der Blick in die Praxis zeigt, daß viele Fachkollegen die expositorischen Texte und die literarischen „morceaux choisis" ausschließlich dem Angebot des Lesebuchs entnehmen, gelegentlich sogar in der vorgegebenen systematischen Reihenfolge. Hier fällt die Kritik leicht. Wer so verfährt, läuft Gefahr,
- veralteten kulturkundlichen Intentionen aufzusitzen und die notwendig subjektive Textauswahl des Herausgebers im Sinne einer affirmativen „Wesensschau" zu deuten,
- insbesondere auch einen fragwürdigen „Nationalcharakter" an ein paar bequemen Klischees aufzuhängen[3],
- an der Aktualität vorbeizuunterrichten: die Bereiche der Politik, der Wirtschaft und des Sozialen zum Beispiel sind einem ständigen Prozeß zum Teil entscheidender Wandlungen ausgesetzt, denen auch gelegentliche Neuauflagen nur unvollkommen gerecht werden können,
- in der wiederholten „Durchnahme" der gleichen Texte in verschiedenen Oberstufenklassen alle kritische Distanz einzubüßen und spannungslos bzw. intellektuell kurzschlüssig zu unterrichten.

Dies sind Fehlhaltungen, die weniger dem Medium denn vielmehr seiner naiven Verwendung anzulasten sind. Andererseits ist jede Textauswahl – also nicht nur eine anspruchsvoll betitelte „Civilisation française" – anzugreifen, wenn man ihr aus wechselnder Kritikerperspektive Einseitigkeit, Unvollständigkeit, falsche Gewichtung der Abschnitte und verzerrende Darstellung der Zusammenhänge durch Lösung einzelner Passagen aus dem erhellenden Kontext vorwerfen möchte.

Hier wäre rhetorisch zurückzufragen, wie ein Unterrichts-Kompendium eine – nach welchen Kriterien auch immer – systematisierte „vollständige" Darstellung der französischen Zivilisation leisten könnte. Weiter: vorausgesetzt, Vollständigkeit sei möglich: wäre sie didaktisch auch wünschbar?

Im Reformprogramm der Oberstufe stellt sich das Problem wie folgt:
„Relevant (im Bereich der Zivilisationskunde) sind die Fachbereiche
- Langue
- Philosophie, Sociologie, Psychologie
- Pédagogie, Enseignement
- Religion
- Beaux-Arts, Musique
- Histoire
- Géographie
- Politique
- Justice
- Economie
- Travail
- Questions sociales
- Science, Techniques
- Médecine.

---

[1] Vgl. dazu die kritischen Problemanalysen von A. Göller (PRAXIS 1/1969): Zum Frankreichbild unserer Oberstufenlesebücher), H. Schmidt (DFU 2/1969: Das Lehrbuch im neusprachlichen Unterricht der Mittel- und Oberstufe) und H. Rühl (DFU 2/1969: Lesebuch oder Lesebogen?).

[2] Die Curriculum-Kommissionen der reformierten Oberstufe favorisieren das offene System des Projekt-Unterrichts und empfehlen darum den eklektischen Umgang mit Textsammlungen, im Bereich des Leistungskurses vor allem auch die selbständige Erschließung der Arbeitsvorlagen.

[3] Zu den strittigen Begriffen „Kulturkunde" und „Völkerurteil" vgl. die in der PRAXIS ausgetragene Diskussion zwischen G. Keller (3/1969: Erkenntnisse der Sozialpsychologie als Grundlage kulturkundlicher Didaktik), J. Langer-M. Schurig (1/1972: Politik im Fremdsprachenunterricht) und H. J. Noll (2/1973: Erweiterung der Kritikfähigkeit gegenüber Völkerurteilen).

Der Überblick zeigt die Grenzen des Unterrichts: aussichtslos ist der Versuch, eine übergreifende Grundinformation zu vermitteln, wenn sie generell ausgewogen sein und speziell über Schlagwortwissen hinausgehen soll. Andererseits liegen keine stichhaltigen Auswahl-Kriterien für einen verbindlichen „Minimal"-Katalog vor. Der didaktische Konsens, den die vorwiegend geisteswissenschaftlich konzipierten Lesebücher jahrzehntelang in der Privilegierung einzelner Betrachtungs-Kategorien oder Stoffkreise unkritisch tradiert haben, ist heute relativiert. In Ermangelung einer didaktischen Zielperspektive, die über die Quantität (Gesamtumfang und spezielle Inhalte) des erwünschten Wissensstands eine klare Auskunft geben könnte, ist die Qualität (Methodenreflexion und Penetrationsgrad) des Kenntniserwerbs zu betonen. Die Frage, die sich bei der Aufbereitung von Arbeitsmaterialien stellt, ist also: inwieweit ist es unumgänglich, extensiv orientierend zu lehren, damit intensiv vertiefend gelernt werden kann?

Ein Lesebuch wird diesem Doppelanspruch gerecht, wenn es seine Arbeitstexte konsequent unter den Gesichtspunkt der Problemanalyse stellt, gleichzeitig aber die Erörterung durch Einbeziehung in einen sachlogischen Bezugsrahmen und durch Bereitstellen von Diskussions-Unterlagen (Fakten und Daten) objektiviert.

Die Grenzen des geschlossenen Lesebuch-Systems sind vor allem motivationspsychologisch bedingt. Wer die flexible, vorwiegend wohl aktualitätsorientierte Interessenlage der jeweiligen Lerngruppe konditionieren will, wer die Schüler in der Diskussion aktueller Themen in ständigem Kontakt mit der „actualité française" halten will, muß sich eines offenen Informationssystems bedienen. Konkret: moderne Medien wie Zeitungen, Zeitschriften, Rundfunksendungen und andere aktuelle Publikationen wie Sachbücher oder neu erschienene französische Unterrichtswerke aus dem sprachlichen und gesellschaftswissenschaftlichen Bereich müssen ausgewertet werden. Entsprechende Informationsdienste stehen bereits zur Verfügung. Ihre Kapazität und ihre didaktische Effizienz sind jedoch noch ausbaubedürftig; gegenwärtig können sie die Eigeninitiative des Lehrers nicht ersetzen."[4]

Das Unterrichtswerk „La Civilisation française, Ausgabe C" strebt einen Kompromiß zwischen der systematischen und der pragmatischen[5] Position in der landeskundlichen Information an, bemüht sich aber auch um die diskussionsfördernde Problematisierung der Sachverhalte. Es wird also keine „Institutionenkunde" um ihrer selbst willen betrieben, und die reichhaltige Dokumentation dient der − durch die Fragen und Arbeitsanweisungen konditionierten − kritischen Erörterung der in den einzelnen Stoffkreisen ausgefächerten Thematik. Diese ist durch Kontrastierung der Standpunkte nicht selten dialektisch aufbereitet und somit offen für eine perspektivisch vertiefende Analyse, die am zweckmäßigsten in der zusätzlichen Auswertung eines Sachdossiers[6] erfolgt. Das Dossier-Verfahren ist also weniger eine Alternative als vielmehr eine Ergänzung des Lesebuch-Unterrichts[7]. Eine sinnvolle Abgrenzung der Funktionen ist möglich: das Lesebuch leistet die Grundinformation im zivilisationskundlichen Kontext, der Dossier pointiert im aktuellen Exkurs das Einzelproblem.

Das Unterrichtswerk „La Civilisation française" ist aber nicht nur eine Textsammlung, also „Lesebuch" im traditionellen Sinn, sondern vor allem auch „Arbeitsbuch" im Sinne des integrierenden Sprachunterrichts.

---

[4] W. Croon: Entwurf zum Curriculum Leistungskurs Französisch. Auszug aus 3.3.2: Zivilisationskunde. In: Entwürfe der Curricula für die Mainzer Studienstufe. Mainz 1973.

[5] Zur Diskussion des Begriffs „pragmatische Landeskunde" vgl. H. Schrey: Englischunterricht und England-kunde. Überlegungen zu einer zeitgemäßen landeskundlichen Didaktik (PRAXIS 4/1968) und J. Langer-M. Schurig: Politik im Fremdsprachenunterricht (PRAXIS 1/1972).

[6] Begriffsbestimmung und orientierende Beispiele in „Schulreform NW. Sekundarstufe II. Heft 5 II. Curriculum Französisch: 9 (Düsseldorf o. J.) sowie in „Entwürfe der Curricula für die Mainzer Studienstufe. Leistungskurs Französisch". A. a. O. 3.3.2. Vgl. ferner die Dossier-Serien in „Le Français dans le monde", die von H. Christ herausgegebene Reihe „La France actuelle" (Cornelsen/Velhagen & Klasing) und den Arbeitsdossier „La condition ouvrière" (Hirschgraben). Weitere Hinweise in W. Arnold: Fachdidaktik Französisch (Stuttgart 1973). S. 183. Anm. 23.

[7] „In einer Schule der 4. Welle, mit wirklicher Bibliothek, welche z. B. 50 Lesebogen zu 50 oder 60 Themen nebst Tabellen, Filmen usw. enthielte, wären Lesebücher entbehrlich, doch solange dies nicht der Fall ist − und es besteht vorläufig keine Aussicht dazu − muß es beim Lesebuch bleiben..." (H. Schmidt. A. a. O. S. 28.)

Dieser Satz wurde 1969 geschrieben, ist aber 1974 unverändert aktuell: Schmidts „4. Welle" ist am Horizont der Bildungsplanung allenfalls zu erahnen.

Die sprachdidaktische Konzeption dieses Ansatzes läßt sich knapp zusammenfassen: „Verstehenslehre und Gestaltungslehre (für mündliche und schriftliche Textherstellung) sind die beiden Schwerpunkte, die sich um den (systematischen) Kern in Form einer funktionalen Sprachbetrachtung gruppieren. Der Grammatikunterricht ist dabei in die beiden Arbeitsbereiche zur Herstellung und zum Verstehen von Texten integriert. Die Fertigkeiten Hören, Sprechen, Lesen und Schreiben werden als technische Voraussetzungen in den beiden Schwerpunktbereichen selbst gelehrt."[8]

Daraus ergibt sich eine dreifache Zielsetzung:
„Der Schüler soll lernen,
- Texte zu verstehen,
- wie die Sprache funktioniert,
- Texte herzustellen."[9]

Die didaktische Anlage des Buches kommt diesem Programm entgegen. Untersucht werden systematisch oder exemplarisch:
- die lexikalischen und grammatisch-syntaktischen Konstituenten der Texte,
- die Sachbezüge,
- die Komposition,
- die Ausdrucksweise,
- die Intentionalität.

Eine Reihe von methodischen Feldanalysen gibt Hilfestellung zum Textverständnis und zur Textproduktion. Ein engmaschiges Netz von Effizienzkontrollen in Form von Fragen und Arbeitsanweisungen sichert die Etappen der – oben angegebenen – Progression und schafft die Voraussetzungen für die anspruchsvollen Gestaltungsübungen. Ein System von „Exercices de compréhension et de contrôle" leistet schließlich die Rückkopplung von Einzel- und Gesamtperspektive im Kapitelzusammenhang.

Das Lehrerbegleitheft folgt der Gliederung dieser zwölfteiligen Serie, begreift sich aber weniger als „Lösungsbuch" denn als Arbeitshilfe im Sinne einer zusätzlichen Information und einer vertiefenden Erörterung.

W. Croon

---

[8] W. Ingendahl: Projektmodelle für einen integrierenden Deutschunterricht. Vortrag auf dem Germanistentag 1973 in Trier. In: WIRKENDES WORT 5/1973. S. 295.
[9] Ebenda S. 296.

I. LA FRANCE – TERRE ET POPULATION

LA TERRE
Textes 1 – 3

I. Connaissance de la matière

1. Quelles sont les frontières naturelles de la France?

Sont «naturelles»
- les frontières maritimes (Manche, Atlantique, Méditerranée),
- les frontières formées par les chaînes montagneuses (Pyrénées, Alpes, Jura),
- la frontière alsacienne formée par le Rhin.

2. Quelles montagnes traversent la France du Nord au Sud et marquent ainsi la séparation des eaux?

Les Vosges, les plateaux bourguignons, le Morvan, la bordure Est du Massif central forment une ligne presque continue de hauteurs qui sépare les eaux entre l'Atlantique, la Manche, la mer du Nord d'une part, la Méditerranée d'autre part.

3. Quels grands fleuves s'écoulent
- **vers l'Océan?**   la Loire, la Garonne
- **vers la Méditerranée?**   le Rhône
- **vers la mer du Nord?**   la Seine

4. Donnez des arguments qui justifient la thèse de Madaule: la France est un pays de contrastes.

Ces contrastes sont marqués par

la variété des paysages:
- plaines (plaine du Nord, bassin parisien, bassin aquitain),
- montagnes moyennes (Ardenne, Vosges, Jura, Massif Central, Massif Armoricain, Maures et Esterel),
- hautes montagnes (Pyrénées, Alpes);

la variété des climats:
- climat océanique (hivers doux, pluies fréquentes),
- climat méditerranéen (hivers pas très accentués, étés secs et chauds),
- climat continental (hivers enneigés, étés chauds et humides);

et, respectivement, *des végétations:*
- type océanique (forêts, bocages, landes, prairies naturelles, cultures fourragères),
- type méditerranéen (bois, maquis, garrigues, cultures de la vigne et de l'olivier),
- type continental (forêts, prairies naturelles, cultures de céréales);

les «destinées» régionales:
- il y a une «France européenne»: le Nord et l'Est du pays ont été marqués par les grandes invasions et par l'industrialisation, phénomène international;
- il y a une «France méditerranéenne»: Le Midi a été modelé par les grandes civilisations de l'Antiquité. Il a établi – et partiellement gardé – des rapports commerciaux avec les pays africains et orientaux;
- il y a une «France parisienne» qui, par de fortes impulsions centralisatrices, a toujours su contrebalancer les courants centrifuges;

les modes de vie et les opinions:
Malgré l'uniformisation croissante des comportements, phénomène typique d'une civilisation technique, il subsiste des diversités régionales et sociales qui frappent l'attention. Ces particularités s'expriment moins dans les costumes locaux (dont l'intérêt est de plus en plus folklorique) que dans

- les occupations professionnelles
- l'organisation des loisirs,
- les formes de l'habitat,
- les habitudes culinaires,
- les parlers,
- la participation à la vie politique,
- la participation à la vie religieuse,
- la participation à la vie culturelle;

les «tempéraments» régionaux:
Tout en se méfiant des portraits par trop caricaturaux que les humoristes esquissent du Gascon, du Marseillais, du Corse, du Normand, etc., on peut être frappé par les *expressions typiques* du «caractère régional». Toutefois faudrait-il faire la part du cliché en citant cet extrait célèbre de l'«Histoire de France» de Michelet:
«C'est un grand et merveilleux spectacle ... de voir l'éloquente et vineuse Bourgogne entre l'ironique naïveté de la Champagne et l'âpreté critique, polémique, guerrière de la Franche-Comté et de la Lorraine; de voir le fanatisme languedocien entre la légèreté provençale et l'indifférence gasconne; de voir la convoitise, l'esprit conquérant de la Normandie contenus entre la résistante Bretagne et l'épaisse et massive Flandre».

5. Indiquez les langues et les dialectes qu'on parle en France et décrivez leurs limites approximatives.

Au Moyen Age, la France était divisée en deux domaines linguistiques. Les parlers du Nord et les parlers du Midi formaient deux langues aux structures distinctes: la langue d'oïl et la langue d'oc. La ligne qui les séparait traverse les départements actuels Gironde, Charente, Vienne, Indre, Allier, Loire, Isère. La Savoie, le Dauphiné, le Lyonnais, le Forez, la Bresse et l'actuelle Suisse romande formaient une zone d'interpénétration, la région franco-provençale.
Depuis, le français s'est imposé comme langue nationale, en réduisant les parlers locaux à des «patois» au phonétisme et, parfois, à la morphologie particuliers.
Il faut distinguer les zones des parlers d'origine étrangère (La Bretagne, la Flandre, l'Alsace, la Lorraine alémanique, le pays basque, mais aussi le Roussillon catalan et la Corse qui ne font pas partie du domaine gallo-romain) de la zone centrale où les parlers régionaux ont conservé quelques habitudes articulatoires des anciens dialectes (les parlers de l'Ile de France, le berrichon, le bourguignon, le comtois, le lorrain, le champenois, le wallon, le picard, le normand, les parlers de l'ouest, les parlers du sud-ouest, le limousin, l'auvergnat, le franco-provençal, l'alpin-dauphinois, le provençal, le languedocien, le gascon).

6. Indiquez les phénomènes les plus importants qui caractérisent
   - le Nord,
   - le Midi de la France.

Relief
La France du Nord est essentiellement un pays de terres basses (bassins sédimentaires, plateaux étendus, larges vallées). La France du Sud est essentiellement un pays de hautes terres aux structures différentes (montagnes moyennes, hautes montagnes, plaines étroites et peu étendues, excepté le bassin aquitain).

Climat
La moitié nord du pays est caractérisée par un climat modérément froid et humide en hiver, modérément chaud et humide en été. La moitié sud du pays jouit d'un temps généralement doux en hiver, chaud et sec en été.

Vie économique
Ces types de climat favorisent
- dans le Nord
l'exploitation forestière, les cultures des céréales, des plantes fourragères (et, par conséquent, l'élevage), de certaines espèces de fruits et de légumes, et, sur les coteaux bien exposés, de la vigne;
- dans le Midi
les cultures de la vigne, de l'olivier, et, dans les régions irrigables, des arbres fruitiers.
L'activité économique oppose la France du Nord et de l'Est à celle du Midi et de l'Ouest.

La première de ces zones a un caractère industriel et urbain, la deuxième est peu industrialisée et, par conséquent, plus rurale.

Problèmes actuels

Les appels constants du pouvoir central à l'unité nationale ne trouvent pas toujours un écho très favorable dans les régions méridionales. A vrai dire, le Midi supporte de plus en plus mal le rôle dominant de la capitale. Ceci tient moins à un ressentiment historique − les Méridionaux ne sont plus tellement conscients de l'histoire sanglante des «rattachements» de leurs provinces à l'Etat français − qu'au soupçon qu'une administration excessivement centralisée freine − plutôt que de les développer − les activités régionales susceptibles de réduire peu à peu l'avance considérable des régions du nord sur le plan économique. Les partisans d'une autonomie régionale parlent de «colonisation» à propos de ce qui se passe dans leurs provinces vouées à la sous-industrialisation, au chômage, à l'émigration des jeunes, à l'exploitation par les «marchands du soleil». Casser l'impérialisme «parisien», faire de la réforme régionale une réalité, c'est-à-dire plus qu'un effet rhétorique des hommes politiques en mal d'argument, voilà ce qu'on souhaite à Gap, au Puy et à Rodez.

7. Quels sont
   − **les avantages,**
   − **les inconvénients**
   de la situation de la France en Europe?

A l'ouest du continent, la France forme une sorte d'isthme entre la Méditerranée d'une part et l'Atlantique et la Manche d'autre part. Il n'y a que 400 km de Bordeaux à Sète, 800 km du Havre à Marseille. La terre française sert de plaque tournante aux grands courants des civilisations européennes, méditerranéenne et atlantique. Les apports étrangers sont rapidement intégrés dans le patrimoine commun d'une nation précocement constituée. La configuration heureuse du territoire, la vocation nationale du bassin de Paris, une géographie naturelle favorable au service d'une organisation politique habile font temporairement de la France la première nation de l'Europe.

La chute de l'Empire, l'épuisement général qui l'accompagne marquent un tournant: la France se fait doubler par des pays moins privilégiés par la nature, mais mieux pourvus en ressources naturelles et, partant, mieux, préparés à l'expansion industrielle, premier facteur du niveau de vie de l'homme contemporain. Le danger esquissé par Jacques Madaule, à savoir la tentation de céder à des «appels souvent contradictoires», semble toujours affecter la politique française qui joue tour à tour (ou bien refuse de jouer) les cartes d'une politique «européenne», «atlantique», «méditerranéenne» sans jamais s'engager à fond.

8. A quelles époques la France a-t-elle subi l'influence
   − **de l'Italie,**
   − **de l'Espagne,**
   − **de l'Angleterre,**
   − **de l'Allemagne?**
   Quels grands courants de l'histoire de la civilisation correspondent à ces influences?

L'Italie a influencé la France à l'époque de la *Renaissance* (XVe et XVIe siècles), et notamment sous le règne de François Ier (1515−1547) qui protège des artistes italiens comme Vinci, Cellini, Andrea del Sarto. Le goût italien se fait valoir notamment dans l'école de Fontainebleau qui propose de nouveaux modèles esthétiques en architecture, en sculpture, en peinture et finit par les imposer.

En littérature, le XVIe siècle français s'ouvre aux prédécesseurs et aux initiateurs de la Renaissance italienne. C'est ainsi que
− Clément Marot s'inspire de Pétrarque,
− Marguerite de Navarre imite dans son «Heptaméron» le procédé de Boccace, auteur du «Décaméron»,
− Rabelais, premier grand écrivain «humaniste», s'initie à la littérature italienne pour découvrir la civilisation antique,
− les auteurs de la Pléiade tels que Du Bellay et Ronsard renouvellent les grands genres de la poésie antique par l'intermédiaire des modèles italiens,

– les écrivains dramatiques en font de même en suivant les conseils de Scaliger, Italien établi en France et auteur d'une «poétique» célèbre,
– Montaigne parfait sa vaste culture universelle à Vérone, Padoue, Bologne, Florence et surtout à Rome, sa véritable patrie spirituelle, où il reçoit le titre de «citoyen romain».

L'Espagne influence la France surtout pendant la première moitié du XVIIᵉ siècle, au moment de la génération «pré-classique». Cette influence «baroque» est beaucoup moins étendue que celle de la Renaissance italienne, moins durable aussi parce que l'esthétique du classicisme ne tarde pas à la refouler. Elle se concentre sur le domaine du théâtre où les grands écrivains du «siècle d'or» espagnol (Cervantes, Lope de Vega, Calderon, Tirso di Molina) et de nombreux auteurs mineurs ont approvisionné en pièces de tout genre les 300 troupes de comédiens professionnels qui parcourent l'Espagne. Tragédies, comédies et surtout tragi-comédies et pastorales espagnoles ou d'inspiration espagnole sont montées, par des troupes ambulantes, un peu partout en France, par exemple à Rouen, où le jeune Corneille, futur auteur de l'«Illusion comique» et du «Cid», s'en inspire. Molière, futur auteur du «Dom Juan», fait partie lui-même d'une «troupe de campagne».
A relever encore la popularité en France d'un genre épique espagnol, le roman picaresque qu'illustre, au début du XVIIIᵉ siècle, Lesage avec son «Histoire de Gil Blas de Santillane».

L'Angleterre influence la France notamment au XVIIIᵉ siècle, à l'époque du *rationalisme*. La théorie politique de Montesquieu (1748: «L'esprit des lois») s'inspire du modèle anglais, où «les lois établies empêchent également la monarchie de dégénérer en tyrannie et la liberté en licence» (Chesterfield). Voltaire peint dans ses «Lettres anglaises» (1734) une Angleterre idéale, patrie des libertés religieuse, politique, philosophique et littéraire. Enfin, l'Encyclopédie (1751: publication du tome I), vaste entreprise de vulgarisation scientifique, prend comme modèle la «Cyclopedia or Universal Dictionary of the Arts and Sciences» (1727) d'Ephraim Chambers. Diderot, le directeur de l'Encyclopédie, se montre aussi adepte fidèle de la pensée anglaise en tant que «philosophe» rationaliste, moraliste social, critique d'art et critique littéraire. Promoteur de la «sensibilité», il s'en réfère à l'autorité de Moore et de Lillo pour le théâtre, de Sterne, de Fielding et surtout de Richardson pour le roman.

L'Allemagne influence la France surtout pendant la première moitié du XIXᵉ siècle, à l'*époque romantique*. Benjamin Constant (1809: traduction de «Wallenstein» de Schiller, avec des «Réflexions sur le théâtre allemand»), Madame Necker de Saussure (1814: traduction du «Cours de littérature dramatique» de A. W. Schlegel) et surtout Madame de Staël (1810: «De l'Allemagne») proposent la philosophie et la littérature allemandes comme modèles aux gens de lettres «modernes» qui cherchent à se libérer du dogmatisme classique. Ce renouvellement du goût prépare le terrain à l'épanouissement de la sensibilité romantique qui va de pair avec un engouement pour les littératures «du Nord». C'est ainsi qu'on traduit le théâtre de Schiller et de Goethe, des extraits importants de l'œuvre de Kant, des nouvelles de Kleist et de Chamisso et surtout les livres de Heine et de E. T. A. Hoffmann, auteurs qui, jusqu'à nos jours, sont plus appréciés en France qu'en Allemagne.

II. Connaissance des méthodes

1. En quoi consiste la méthode de l'analyse? Décrivez ses procédés et donnez des exemples.

(Texte modèle: Michelet, Tableau de la France)

Procédés

a) lire le texte, s'appliquer à surmonter les difficultés que présentent les structures et le vocabu-laire, dégager le *sens apparent* du texte
   (Michelet présente un tableau à gros plans de la géographie de la France. Il indique sa perspective et il caractérise grosso modo les secteurs ainsi découpés.),

b) relire le texte, s'appliquer à découvrir le point de vue subjectif de l'auteur, c'est-à-dire, dégager son *intention secondaire*
   (Michelet veut démontrer que les orientations de la destinée nationale dépendent essentiel-lement des données géographiques des différentes régions.),

c) relever les mots clés, les interpréter de façon à faire ressortir l'*intention directrice* de l'auteur

(Mots clés: «Nord»: «la vie forte», le grand mouvement des nations», «la grande lutte politique», «se heurter»;

«La France allemande»: «parallèle», «sympathise»;

«La France romaine»: «le vieux monde», «un nouveau monde», «devant .... derrière».

Michelet illustre ici sa conception personnaliste de l'histoire: elle est l'expression dynamique
de sympathies et d'antipathies collectives, d'attirances et d'antagonismes plus ou moins
inconscients et, sur le plan national, le produit toujours remis en question de multiples
aspirations divergentes.),

d) définir la *nature* du texte

(Distinguons deux aspects:

écrit par un historien qui respecte la véridicité, première discipline de son métier, ce texte
est *descriptif;*

écrit par un interprète de l'histoire qui veut faire entrer ses lecteurs dans sa perspective
personnelle, ce texte est *explicatif.*),

e) dégager la *composition* du texte

(− premier paragraphe:

L'auteur précise le sens apparent du texte: une vue d'ensemble de la France en tenant
compte des subdivisions «naturelles» du pays.

− deuxième paragraphe:

L'auteur indique sa perspective géographique et procède à un vaste tour d'horizon au
sens propre du terme.

− troisième paragraphe:

Le Nord est le centre vital du pays. Son activité se définit en partie par son opposition
politique à l'Angleterre.

− quatrième paragraphe:

Première partie − l'Est de la France entretient des rapports harmonieux avec l'Allemagne;
Deuxième partie − le Midi de la France est fasciné par l'univers méditerranéen. Les
Pyrénées marquent les limites de la civilisation européenne face à un monde étranger
d'inspiration africaine.).

2. Décrivez les procédés de la dialectique et donnez des exemples.

(Texte modèle: Madaule, La France)

Il s'agit de dégager le premier mouvement de la démarche dialectique, à savoir la *thèse* qui
affirme une théorie, puis de faire ressortir le mouvement contraire, l'*antithèse* qui conteste cette
affirmation, enfin de rassembler les éléments susceptibles de concilier les contraires par la
synthèse. Il est rare cependant que ces trois positions soient symétriquement représentées,
l'engagement de l'auteur s'opposant le plus souvent à un examen impartial des données.

C'est ainsi que Madaule, après avoir brièvement présenté la théorie courante − cf. la première
phrase: on croit généralement que la France forme une unité naturelle −, appuie fortement la
position contraire: les frontières du pays ne sont pas toutes «naturelles», pire encore: l'unité
nationale est menacée par les oppositions intérieures. La France a été formée par l'histoire,
pas par la «nature». La synthèse, c'est-à-dire la mise en équilibre des divergences (il faut
consolider les résultats de l'Histoire en s'appuyant sur les données naturelles) n'est que faiblement esquissée: «Un grand Etat ... s'équilibre mal dans la monotonie»; «Certes, entre l'Est et
l'Ouest il y a continuité»; «La région parisienne est une zone de transition ...».

3. Donnez des exemples pour caractériser un procédé de style.

A titre d'exemple: la *métaphore.*

Définitions:

− «procédé de langage qui consiste dans un transfert de sens par substitution analogique»
(«Le Petit Robert»),

− «la métaphore établit une comparaison dont elle n'énonce qu'un terme» (H. Bonnard).

Exemples (cf. Madaule, La France):

1er paragraphe

«Cet hexagone ...» − c'est-à-dire: ce pays qui a la forme d'un hexagone, qui est comme
un hexagone;

2ᵉ paragraphe
«... il reste une trouée béante au nord-est ...» − c'est-à-dire: la frontière nord-est de la France est comme une large ouverture comparable à une brèche qu'on a faite dans un mur;

3ᵉ paragraphe
«Les Pyrénées, qui sont la moins franchissable des barrières ...» − c'est-à-dire: la montagne, obstacle naturel, s'oppose à la libre circulation entre deux pays comme une barrière, obstacle artificiel, barre le passage sur une route.

4. Donnez le plan du premier texte de Madaule.

1ᵉʳ paragraphe
L'auteur rapporte une opinion généralement partagée (La France forme une unité naturelle) et la conteste («C'est une illusion»).

2ᵉ paragraphe
L'auteur donne un premier argument à l'appui de son opinion: Toutes les frontières du pays ne sont pas naturelles.

3ᵉ paragraphe
2ᵉ argument: Les frontières dites naturelles comme les chaînes montagneuses n'ont jamais empêché les populations des deux côtés d'entretenir des rapports étroits.

4ᵉ paragraphe
1ᵉʳᵉ partie − 3ᵉ argument: Il en est de même avec les mers.
2ᵉ partie − L'auteur tire la conclusion sous forme de thèse: La France a été formée par l'histoire et non pas par la nature.

5ᵉ paragraphe
L'auteur appuie sa thèse en changeant de perspective: sa deuxième série d'arguments porte sur les divergences intérieures du pays.

6ᵉ paragraphe
4ᵉ argument: il y a une opposition Nord−Midi dans les domaines de la langue, des conditions de vie, de l'histoire.

7ᵉ paragraphe
5ᵉ argument: il y a une opposition Est−Ouest sur le plan du climat.

8ᵉ paragraphe
1ᵉʳᵉ partie − 5ᵉ argument (suite): Il y a une opposition aussi sur le plan de la végétation.
2ᵉ partie: Il y a opposition aussi du fait que les populations limitrophes subissent les influences des civilisations étrangères voisines, attirances qui risquent de neutraliser les impulsions centrales.
En guise de conclusion, ce 6ᵉ argument combine les deux perspectives que l'auteur met en valeur, le thème des frontières ouvertes et celui des divergences intérieures.

III. Connaissance du vocabulaire

Expliquez le sens des mots suivants:
Cf. texte 1:

le ballon − nom donné à quelques sommets des Vosges. A remarquer que le terme (sens primitif: «montagne escarpée») est sans rapport avec la forme arrondie de ces montagnes.

le coteau − versant d'une colline.

l'écueil − rocher qui dépasse à peine la surface de l'eau.

les invasions des Barbares
invasion: irruption faite dans un pays par des forces armées étrangères,
les Barbares: nom donné par les Grecs à des étrangers de civilisation inférieure,
les invasions des Barbares: terme employé par les historiens français pour désigner les immigrations des Germains dans le territoire de l'empire romain décadent.

onduleux − qui forme des ondulations, des courbes. Ex.: la ligne onduleuse des collines qui se dessinent à l'horizon.

boisé – couvert de bois.
le bassin
    au sens propre: récipient rond,
    au sens figuré: région arrosée par un fleuve et ses affluents.

Cf. texte 2:
le faîte
    au sens propre: la partie la plus élevée d'un édifice. Ex.: le faîte d'une maison,
    au sens figuré: la cime d'une montagne. Ex.: la ligne de faîte sépare les eaux d'une montagne.
la langue d'oc – au Moyen Age: ensemble des parlers du Midi, opposés à ceux du Nord
    (langue d'oïl), d'après la manière différente de prononcer le mot «oui».
la bise – vent sec et froid soufflant du Nord ou du Nord-Est.
la lande – terre caractérisée par une végétation de bruyères, de genêts, d'ajoncs.

IV. Connaissance de la grammaire

1. Les verbes pronominaux
   Donnez des exemples
   a) pour l'emploi (présent)
   b) pour l'accord du participe passé (passé composé).

Un régionaliste occitan pourrait dire:

«Qu'on *se méfie* de l'image classique d'une France éternelle qui *s'est formée* «naturellement»,
puis *s'est élargie* en *s'emparant* de provinces plus ou moins désireuses de *se rattacher* à la
mère patrie. Les régions méridionales *se souviennent* encore d'un passé mouvementé où
envahisseurs «français» et partisans de la liberté régionale *se sont livré* maintes batailles sanglantes avant que ces derniers ne *se soient inclinés* devant le pouvoir central.»

2. Le subjonctif
   a) dans les propositions introduites par ‹que›. Donnez des exemples.
   **b) après certaines conjonctions introduisant des propositions finales et con-
   cessives. Donnez des exemples.**

Un représentant du gouvernement pourrait lui répondre:

«*Que* le pouvoir central *ait eu* raison d'imposer sa volonté partout dans l'hexagone national,
*qu'*il se *soit* parfois *trompé* de méthode, la question n'est plus là. *Pour que,* de nos jours, la
politique de la régionalisation, entreprise par le gouvernement, *puisse* porter ses fruits, il faut
– *bien que* certains ne *veuillent* pas y consentir – se départir des rancunes d'hier.»

LA POPULATION
Textes 4 – 7

I. Connaissance de la matière

1. Le problème de la quantité
   – Combien d'habitants a la France?
En 1973, la population française vient de dépasser 52 millions.
   **– Quelle est la densité de la population? Comparez la densité de la population de
   la France avec celle d'autres pays (p. ex. l'Allemagne, la Grande-Bretagne).**
   **– Quel rapport y a-t-il entre la densité de la population d'une part et l'économie
   d'un pays d'autre part?**

D'après la statistique de la Communauté Européenne, la France compte 91 habitants au km^2,
la Grande-Bretagne 228 et l'Allemagne Fédérale 245 (cf. la documentation). C'est-à-dire
que la densité de la population française n'atteint que 40% de celle de la Grande-Bretagne
et 37,5% de celle de la République fédérale. Par rapport à ces deux pays, la France est donc

sous-peuplée. Si elle était aussi densément peuplée que la Grande-Bretagne ou l'Allemagne, elle aurait à peu près 125 millions d'habitants. Il y a une interdépendance étroite entre l'essor démographique et l'industrialisation. Une population paysanne en progression ne peut plus vivre de l'agriculture seule. L'exode rural, causé par l'excédent des naissances sur les décès, accru par la condition médiocre des ouvriers agricoles et des petits exploitants, est à l'origine de la poussée urbaine dans les régions hautement industrialisées. C'est ainsi que l'agglomération parisienne, la zone économique la plus importante du pays, croît rapidement, dans une véritable explosion démographique, depuis plus d'un siècle. En revanche, dans les «déserts français» (plateaux orientaux du Bassin Parisien et du Bassin Aquitain, Massif Central, Landes), le nombre des habitants ne dépasse pas 20 au km². Conscient de la situation critique de ces zones souffrant d'une stagnation économique et d'une agriculture retardataire, le gouvernement a lancé une campagne de «décentralisation» économique et administrative dont il faut attendre les résultats.

2. L'évolution de la population française
    – **Marquez les étapes de l'évolution de la population française et donnez des raisons**
    a) pour la croissance continuelle entre 1800 et 1911,
    b) pour la stagnation et le recul entre 1911 et 1946,
    c) pour l'explosion démographique après 1946.

Entre 1800 (28 millions) et 1911 (42 millions) la population française s'est accrue de 50%. Cette augmentation s'explique d'abord par une révolution dans l'économie alimentaire: l'amélioration de la nourriture allant de pair avec la diminution de la mortalité, ensuite par les progrès de la médecine qui réduisent notamment la mortalité infantile. Il est vrai que, par rapport à la situation française du XVIIIe siècle d'une part et à l'évolution démographique des autres pays européens d'autre part, la France subit un déclin relatif au XIXe siècle. Ceci est dû d'abord à l'hémorragie générale du pays des suites des guerres napoléoniennes, ensuite et surtout à l'abaissement du taux de natalité, phénomène caractéristique d'une civilisation matérielle hautement développée. C'est ainsi qu'en 1911 le nombre moyen d'enfants par famille est tombé à deux. Entre 1911 (42 millions) et 1946 (40 millions) cette stagnation se transforme en recul. Les guerres de 1914–1918 (déficit: plus de 3 millions de vies humaines) et de 1939–1945 (déficit: un million et demi) infligent une saignée brutale au pays.
Après la libération, le taux de natalité augmente considérablement. Cette croissance s'explique par une politique démographique engagée en 1939, complétée par le gouvernement de Vichy et solidifiée encore par la Quatrième République. Le système généreux des «allocations familiales» et les lois relatives à la Sécurité Sociale récompensent les familles nombreuses.

    – **Comparez l'évolution de la population française à celle de la population allemande. Quelles conséquences l'évolution différente des deux populations a-t-elle eues sur l'histoire des deux peuples?**

Au commencement du XIXe siècle, la France est, après la Russie, le plus grand peuple d'Europe. Sa population s'élève à 28 millions. La Prusse, en 1789, ne compte que cinq millions d'habitants, l'Allemagne tout entière, en 1815, seulement 24 millions. Les divisions politiques de l'Allemagne facilitent à la «Grande Armée» de Napoléon (nombre total des mobilisés français entre 1800 et 1815: 1 600 000 hommes) la conquête de l'Europe centrale.
En 1870, la situation a changé. La France compte 38, l'Allemagne 41 millions d'habitants. Dès le début des hostilités, les Prussiens exploitent à fond leur supériorité numérique. Leur victoire est à l'origine d'un traumatisme français qui influencera pendant au mois trois générations la politique étrangère de la France: il faut neutraliser le voisin géant par un système habile d'alliances, il faut, dans le cas d'une victoire, procéder à une politique de divisions et de contrôles pour écarter une fois pour toutes le «danger allemand». Cette politique ne payera finalement qu'en 1945, au moment du cataclysme du troisième Reich, qui se soldera par la division définitive du «colosse» germanique.
En 1914 cependant, 68 millions d'Allemands entrent en guerre contre 42 millions de Français; en 1939, six millions d'hommes de vingt à trente-neuf ans du côté français doivent faire face à douze millions d'Allemands des mêmes classes. Il est permis de croire que, dans les deux cas, la certitude de pouvoir disposer d'une supériorité numérique écrasante pèse dans la décision des dirigeants allemands de se laisser entraîner dans la guerre ou de la provoquer.

3. Le problème de la qualité

– Quels groupes ethniques ont formé, au cours des siècles, la nation française?

Le peuple français s'est formé par la fusion des différents groupes ethniques qui se sont installés sur le territoire du pays. Un peuplement «préhistorique» encore mal connu cède la place à une population «protohistorique» qui se compose notamment d'Ibères et de Ligures, et ceux-ci sont résorbés par les Celtes venus de l'Allemagne centrale. En même temps, des colons grecs s'établissent sur la côte méridionale. Après la victoire de César sur les Gaulois, une civilisation supérieure pénètre le pays; l'apport ethnique des soldats, des administrateurs et des marchands romains reste pourtant modeste. Il y a ensuite les immigrations, d'abord pacifiques, puis violentes, des «Barbares» (Francs, Burgondes, Alamans, Wisigoths, Alains) et, plus tard, les incursions guerrières des Sarrasins et des Normands. Du Moyen Age à nos jours, la pénétration étrangère est moins spectaculaire, mais elle se poursuit sans cesse. C'est ainsi que la France de l'Ancien Régime accueille des mineurs et des imprimeurs allemands, des constructeurs de polders, des ouvriers du textile et des charpentiers hollandais, des peintres et des musiciens italiens, des commerçants juifs et suisses. La France républicaine devient terre d'asile pour d'innombrables réfugiés politiques (Polonais, Russes, Espagnols, Hongrois, Nord-Africains, Juifs), et la France industrielle a appelé (Italiens, Polonais, Tchécoslovaques, Belges) et continue d'appeler (Algériens, Marocains, Tunisiens, Noirs d'Afrique, Espagnols, Portugais) la main-d'œuvre étrangère.

– Pourquoi les éléments ethniques immigrés sont-ils restés en France?

Ces dernières années, les travailleurs étrangers, notamment les Arabes, ont dû faire face à quelques manifestations xénophobes de la population nationale à leur égard. Ces incidents, aussitôt dénoncés par la presse démocratique du pays, ne sauraient faire oublier que la société française a toujours rapidement assimilé les éléments étrangers. Tout au long de l'histoire, les immigrants ont trouvé d'excellentes conditions de vie dans cet immense melting pot de races qu'est la France, et presque toujours les nouveaux-venus se sont vite intégrés dans la société de leur pays d'adoption, solidifiant plutôt l'unité nationale que de la remettre en question. De nos jours, les lois relatives à la naturalisation accordent aux étrangers la nationalité française sur demande après cinq ans de séjour; d'autre part, les enfants des immigrés l'obtiennent, sur simple déclaration, à leur majorité.

– Qu'est-ce qui distingue la nation française des autres nations d'Europe?

D'après Paul Valéry (cf. texte 4) la nation française
- doit, plus que tout autre peuple, sa constitution ethnique et psychologique à la terre qu'elle habite;
- est, grâce à la configuration du pays, plus ouverte aux influences étrangères que les autres peuples de l'Europe occidentale;
- a une population qui est, sur le plan ethnique, beaucoup plus variée que celles des autres nations d'Europe;
- a réussi, par le brassage intense de ses composantes, une unité nationale incontestée.

4. Le conflit des générations

– Pourquoi la vieille génération a-t-elle peur des jeunes?

(Cf. texte 5.)
Les jeunes
- pourraient, par des options extrémistes, bouleverser l'orientation politique du pays;
- pourraient, par leur masse, diminuer le nombre des emplois disponibles et déclencher ainsi un chômage massif.

– Quels arguments Sauvy donne-t-il pour démontrer que la peur de la vieille génération n'est pas justifiée?

Les jeunes ne représentent aucun danger
- ni en politique (un examen attentif de la situation actuelle [les événements de mai 1968] et de l'histoire [l'avènement du nazisme] prouverait le contraire);
- ni en économie (la statistique de l'économie internationale prouve que les emplois augmentent constamment, malgré l'automatisation, ou mieux grâce à elle; la statistique de l'économie nationale prouve que, de 1962 à 1968, on a créé un million de nouveaux emplois pour les jeunes).

– **Quelle est, au contraire, l'utilité de la jeunesse pour la société entière?**

La sécurité sociale dont la vieille génération profite beaucoup plus que les jeunes, est puissamment financée justement par ces derniers qui, pour des raisons évidentes, touchent beaucoup moins de rentes, d'allocations familiales, d'assurances maladie que leur aînés.

II. Connaissance des méthodes

1. Quelles sont les règles principales pour la définition d'un mot?

a) Se rappeler ce que c'est que de définir un mot: former une phrase qui englobe, par le «genre prochain», le terme à definir (Ex.: «Le cordonnier est un artisan...») et qui le distingue, par la «différence spécifique», des autres termes du même genre (Ex.: «...qui fait et qui répare des chaussures»);

b) respecter les espèces des mots en question (le «genre prochain» d'un substantif doit être un autre substantif, etc.);

c) choisir avec précision le terme qui désigne la «différence spécifique» (Ex.: Il ne suffit pas de dire que «le cidre est une boisson tirée des pommes» [Dictionnaire fondamental], le jus de pomme pourrait être «défini» de même. Il faut préciser: «Boisson obtenue par la fermentation alcoolique du jus de pomme» [Petit Robert]);

d) distinguer les différents sens d'un mot ou d'une expression en différenciant notamment le sens propre (Ex.: âne: animal domestique ...) et le sens figuré (Ex.: âne: homme peu intelligent).

2. Quelle importance a la fréquence des mots pour l'explication de texte?

Un des problèmes classiques que pose l'explication d'un texte est l'examen de sa «nature». Or, le choix des mots et la fréquence de l'emploi de certaines catégories de mots permettent une classification approximative.

L'auteur peut raconter une série d'événements et d'actions: c'est une *narration* qui vit par le verbe.

Il peut communiquer ses observations: c'est une *description* qui se distingue par l'emploi fréquent d'adjectifs et de substantifs concrets.

Il peut avancer des arguments: c'est une *explication* qui se sert de substantifs abstraits et, pour marquer l'enchaînement logique, de locutions conjonctives (de coordination et de subordination) et d'adverbes exprimant la manière, l'intensité, l'affirmation, la négation, le doute, etc.

Il peut extérioriser ses sentiments: c'est un *épanchement*, l'intensité émotionnelle s'exprimant peut-être par l'emploi répété de la première et de la deuxième personne du pronom personnel, par des interjections ou par des adjectifs exclamatifs.

Il va de soi que ces indications générales sont sujettes à caution: elles ne peuvent fournir qu'une délimitation provisoire. Il se peut aussi qu'un texte présente indistinctement tous ces aspects – ou encore d'autres – tout en appartenant à un genre distinct. Dans ce cas, il ne suffit pas de compter les mots, puis de les classer. Il faut plutôt examiner la structure sémantique du texte pour isoler des «familles de mots» significatives.

3. A quoi sert la répétition d'un mot ou d'un groupe de mots?

La répétition d'un mot à bref intervalle peut produire un effet de rythme et, par là, un effet d'insistance capable d'attirer l'attention du lecteur – ou de l'auditeur – distrait sur un passage important du texte ou du discours.

4. Comment appelle-t-on la répétition d'un mot ou d'un groupe de mots au début de plusieurs phrases, membres de phrases ou vers?

C'est une anaphore.

5. Quelles différences y a-t-il entre un traité scientifique et un essai?

Un traité scientifique

– expose un problème nettement circonscrit dans le contexte de la discipline; le texte sert donc de chaînon didactique à quiconque veut comprendre la structure de la science en entier;

- développe la pensée selon une composition rigoureuse qui ne permet pas le moindre écart logique: il procède à une analyse minutieuse des données, à une synthèse prudente des résultats ainsi obtenus et à un contrôle permanent des méthodes appliquées;
- reste stylistiquement neutre, c'est-à-dire, renonce à l'emploi expressif du langage; il se sert, par contre, d'une terminologie technique très précise qui ne permet aucune transgression, par analogie, du domaine de sa spécialité.

Un essai
- traite souvent une question d'intérêt général; l'auteur, moraliste plutôt que savant, rarement spécialiste de la discipline que touche son sujet, communique ses impressions subjectives sans chercher à les amarrer à des théories généralement admises;
- sacrifie la rigueur du plan à l'inspiration du moment; cette «méthode» primesautière néglige les enchaînements logiques et les déductions impeccables, elle facilite par contre les digressions spontanées, quitte à mettre en relief des détails pittoresques plutôt que les aspects importants du problème;
- rachète l'imperfection voulue de la composition par l'éclat du style; l'auteur recourt aux métaphores frappantes, aux périphrases, aux effets d'intensité (hyperboles, gradations), quelquefois à l'ironie, procédés qui mettent en valeur son esprit polyvalent plutôt que sa compétence technique.

III. Le vocabulaire

1. **Donnez six exemples de mots appartenant à la famille du mot ‹peuple›. Formez des phrases où la signification de ce mot apparaît clairement.**

Exemple:

La *population* de la France préhistorique, pays alors à peine *peuplé*, des *peuplades* dispersées et peu nombreuses, pas encore un *peuple* conscient de son destin commun, était tout de même disposée à se grouper autour de quelques chefs influents et *populaires*, imaginatifs et prêts à se servir de leur *popularité* à des fins politiques.

2. **Expliquez en français:**

Cf. texte 4:

ethnique – adjectif d'ethnie. Ethnie: groupement organique d'individus qui ont la même civilisation et, souvent, la même langue.
peuplement – action de peupler. Peupler: faire résider des hommes à un endroit où ils n'étaient pas jusqu'alors.
population – ensemble des personnes qui habitent un espace, une région, un pays, etc.
adaptation – accord d'un être avec son milieu.
site – (ici:) lieu d'habitation, considéré surtout sous le point de vue géographique et économique.
essaim – (ici:) groupe nombreux qui se déplace.

Cf. texte 5:

pléthorique – trop plein.
poussée démographique – augmentation rapide d'une population due notamment à l'excédent des naissances sur les décès ou à une immigration massive.
esprit malthusien (cf. «Le vocabulaire et les expressions»). – Ici: attitude de ceux qui ont peur de devoir sacrifier partiellement leur niveau de vie aux générations «pléthoriques» montantes.
sécurité sociale – organisation qui garantit les travailleurs et leurs familles contre des risques susceptibles de réduire le gain (maladie, invalidité, vieillesse).
aliéné (cf. «Le vocabulaire et les expressions»). – Ici: frustré dans le développement de sa personnalité.
maturité – état de personnes qui ont atteint leur plein développement physique et intellectuel.
devinette – question dont il faut trouver la réponse.

LE CARACTÈRE DES FRANÇAIS
LES FRANÇAIS ET LEUR LANGUE
Textes 8–14

I. Connaissance de la matière

1. Quels sont les traits de caractère les plus marqués des Français, d'après Pierre Daninos? d'après Gabriel Le Bras?

D'après Daninos, les Français, paradoxalement,
- se sentent tiraillés entre leurs convictions républicaines et le sentimentalisme nostalgique que leur inspire la monarchie;
- cultivent la modestie individuelle tout en étant fiers du rayonnement culturel de leur patrie;
- admirent la raison sans la pratiquer toujours;
- sont patriotiques, mais cessent de l'être au moment où leurs intérêts matériels sont en jeu;
- critiquent le militarisme et résistent mal à son côté envoûtant;
- ont l'esprit autocritique, mais n'aiment pas être critiqués par autrui;
- cultivent le goût esthétique et aiment le bafouer de temps en temps;
- admirent le rigorisme moral, mais lui préfèrent, en pratique, un pragmatisme égoïste;
- se moquent des avares et sont quelque peu avares eux-mêmes;
- sont fiers de l'histoire mouvementée de leur patrie, mais préfèrent, pour leur confort personnel, l'immobilisme;
- craignent les démêlés avec les autorités de l'administration et de la police sans se priver du plaisir de les duper en cachette;
- se prévalent de leur scepticisme pratique qui, quelquefois pourtant, cède la place à un utopisme déraisonné;
- n'arrivent pas à concilier paroles et actes;
- se déclarent amis de la nature, tout en l'enlaidissant;
- sont pénétrés du principe de la justice, mais en abusent quand il est question de leurs propres intérêts;
- sont fascinés, à distance, par la grandeur sous tous ses aspects et attirés en même temps par les agréments d'une «bonne petite vie».

Cette caractéristique est loin d'être systématique ou même équilibrée. On a l'impression que l'auteur en assemble les éléments disparates plutôt pour faire de l'esprit que pour tenter une analyse sérieuse. La plupart de ses constatations pourraient s'appliquer à n'importe quel autre peuple.

D'après Le Bras, les Français
- sont raisonneurs, c'est-à-dire, ils aiment chercher et employer des arguments pour convaincre leurs interlocuteurs, pour prouver ou réfuter une thèse;
- cultivent un esprit oratoire et procédurier, c'est-à-dire, ils aiment se montrer éloquents, par goût de la logique abstraite, ne craignant pas de s'engager dans le dédale des formalités juridiques et bureaucratiques;
- cherchent à comprendre, c'est-à-dire, ils s'efforcent d'élucider les causes et les effets, les tenants et les aboutissants de tous les aspects de la vie, qu'il s'agisse de questions biologiques et psychologiques ou de problèmes politiques, économiques et sociaux;
- aiment les systèmes bien ordonnés et les formules concises qui les résument. Ils cherchent à réduire les phénomènes complexes à leurs expressions les plus claires, quitte à sacrifier une partie importante de la réalité.

Cette caractéristique, d'apparence beaucoup moins superficielle que celle de Daninos, vaut surtout pour les intellectuels, notamment les savants et les écrivains qui ont propagé – et continuent de le faire – ce tour d'esprit typique, apprécié dans le monde entier comme image de marque française.

2. Quelles sont les différentes forces de la pensée entre lesquelles se fait le «dialogue français»?

Selon Gide, les partenaires de ce dialogue sont
– d'une part, «la tradition séculaire, la soumission aux autoritées reconnues» et
– d'autre part, «la libre pensée, l'esprit de doute, d'examen, qui travaille à la lente et progressive émancipation de l'individu».

Bien sûr, ce «dialogue» évoqué par Gide n'est pas typiquement «français»: indépendamment des constellations politiques des nations, cette dialectique dresse les idéologues des autorités établies contre leurs critiques. Seulement, l'esprit «raisonneur» des Français a développé et précisé cette opposition à un point qu'elle a fini par obtenir un caractère presque institutionnel. C'est ainsi que les démêlés de Sartre avec le pouvoir de la Ve République ou ceux de Garaudy avec l'orthodoxie communiste de son pays, polémiques copieusement documentées et fort discutées, ne font que prolonger une tradition séculaire, alors que les controverses qui opposent, de nos jours, Soljenitsyne et Kohout à leurs gouvernements respectifs, font sensation surtout en raison de leur caractère insolite.

3. Dans quels pays du monde le français est aujourd'hui
   – langue maternelle,
   – langue officielle?

Le français est parlé comme langue maternelle – en France
                                              – en Belgique (Wallonie)
                                              – en Suisse (Suisse romande)
                                              – au Canada (Québec).

Le français est la langue officielle de la France et du Luxembourg. Il est une des langues officielles en Belgique, en Suisse, au Canada.

Le français est la langue officielle de communication dans de nombreux pays d'outre-mer, surtout dans les ex-colonies françaises (cf. la liste de ces pays dans l'introduction: «Le français, langue de communication universelle»).

4. Quelles étaient les raisons qui, pendant une époque de l'histoire, faisaient du français la langue universelle de l'élite intellectuelle et mondaine de l'Europe?

L'hégémonie de la langue française en Europe se fait valoir surtout au XVIIIe siècle. En fait, elle date du XVIIe siècle:
– Descartes rédige ses traités philosophiques et scientifiques en français et répand ainsi le goût de la langue française chez ses nombreux lecteurs étrangers.
– Le rayonnement du règne de Louis XIV aide puissamment la carrière internationale de la littérature française. Les modèles classiques de la tragédie, de la comédie, des genres épistolaires et didactiques sont repris à l'étranger, mieux: la formation du goût européen se fait à l'exemple de cette littérature.
– Colbert et Chapelain, directeurs habiles d'un service de propagande culturelle, attirent savants et écrivains étrangers à Paris. Ces intellectuels, pensionnaires de l'Etat français, contribuent largement à la propagation de la civilisation française dans leurs pays d'origine respectifs.
– La révocation de l'édit de Nantes déclenche une émigration massive de protestants. En Allemagne, en Hollande, en Angleterre se forment de nombreux foyers français.

Cette percée devient raz-de-marée au XVIIIe siècle:
– D'innombrables étrangers font du tourisme culturel en France, nombreux d'entre eux se fixent à Paris (par exemple: Riccoboni, Grimm, D'Holbach).
– En Allemagne, en Autriche, en Suisse, en Grande-Bretagne, en Scandinavie, aux Pays-Bas se multiplient les colonies françaises qui rédigent leurs propres journaux, fondent des académies et des sociétés littéraires (celle de Berlin regroupe, entre autres, Maupertuis, La Mettrie, Achard, Formery et accueille Voltaire).
– Au «siècle des lumières», il y a une «internationale» de la pensée qui, pour les besoins d'une communication claire et rapide, se sert de la langue française, excellent multiplicateur, en vertu de ses qualités internes (cf. le texte de Rivarol) et de sa diffusion dans le monde. On compte par milliers les ouvrages (correspondances, mémoires, traités scientifiques et philosophiques) écrits en français par des étrangers tels que Leibniz, Frédéric II, Holberg, Hamilton, Garrick, Johnson, Chesterfield, Galiani, Conti, Casanova, etc.

5. Quelle est la situation du français dans le monde d'aujourd'hui?

Selon le nombre des personnes qui le parlent, le français, pour s'en tenir aux langues européennes, parlées en Europe et ailleurs, vient après l'anglais, le russe et l'espagnol. Langue maternelle de 50 millions de Français et d'à peu près 5 millions d'Européens non français ainsi que de 5 millions de Canadiens, il sert aussi de langue officielle aux habitants des ex-possessions françaises d'outre-mer. Il est vrai qu'en Afrique «francophone» les personnes qui parlent vraiment le français ne représentent qu'une faible proportion de la population.

De nos jours, le français n'est plus, comme au XVIIIe siècle, la langue d'élection d'une élite intellectuelle internationale. En 1919 (traité de Versailles) il a perdu aussi son privilège diplomatique. Les autorités françaises seraient donc mal venues, comme l'explique G. Gougenheim (cf. texte 12), de fonder leur propagande linguistique sur un snobisme culturel périmé. Si le français veut résister à l'expansion de l'anglais, langue sensiblement plus «facile», il faut qu'il se vende moins cher aux étrangers (ouvriers, techniciens, étudiants) qui en ont besoin pour des raisons avant tout pratiques. Des initiatives intéressantes ont été entreprises dans ce sens comme celles de l'«Alliance Française» et des autres groupements qui encouragent le développement du français langue étrangère (cf. par exemple la revue «Le français dans le monde»), mais il reste encore du chemin à parcourir pour reconquérir une partie des positions abandonnées. C'est particulièrement nécessaire en Allemagne fédérale où, en raison de mesures politiques de courte vue, le français n'a cessé de perdre du terrain au cours des décennies passées.

6. L'importance des travaux de l'Académie française

Sans partager entièrement l'opinion désabusée de J. P. Sartre («Qu'irais-je faire avec ces vieux messieurs? ... L'Académie française a existé bien ou mal du temps de Richelieu et au siècle qui a suivi. Mais à partir de ce moment-là, c'est une institution complètement morte.» – FRANCE INTER: Radioscopie. 7 février 1973), on peut tout de même être surpris par le rendement modeste d'un travail entrepris en commun par une élite – conservatrice de préférence, il est vrai, sinon «réactionnaire» – d'écrivains, de diplomates, de juristes, de savants, de militaires, d'hommes d'Eglise. Ayant toujours pour devoir officiel de «travailler à épurer et à fixer la langue, à en éclaircir les difficultés et à en maintenir les caractères et les principes», les titulaires des «quarante fauteuils» n'ont pas le moindre espoir de s'acquitter de cette mission impossible.

La «Rhétorique» et la «Poétique», commandées par Richelieu, n'ont jamais été rédigées, et les huit éditions successives du «Dictionnaire» (1694, 1718, 1740, 1762, 1798, 1835, 1877, 1935) sont d'un intérêt avant tout historique; elles n'ont jamais pu sérieusement concurrencer les ouvrages des spécialistes contemporains. Une «Grammaire», publiée en 1933, était considérée comme dépassée dès sa sortie. Les prix que l'Académie décerne chaque année – prix littéraires et prix «de vertu» – ne se signalent guère à l'attention du grand public.

C'est ainsi que les réceptions de nouveaux membres sont encore les manifestations les plus intéressantes de l'Académie française. Les discours des «récipiendaires» et les réponses sont parfois de brillants témoignages d'une vie et d'une époque. *Le Monde* se fait un devoir de reproduire régulièrement ces textes. (Cf. à titre d'exemple le discours d'entrée du cardinal Daniélou et la réponse de Wladimir d'Ormesson. *Le Monde* du 23 novembre 1973).

7. Est-ce que la différence entre langage littéraire et langage parlé que constate Raymond Queneau est valable seulement pour le français? Justifiez votre thèse.

Bien sûr que non. En Allemagne par exemple, on constate le même phénomène, et les différences entre les deux niveaux de langue sont du moins aussi sensibles qu'en France.

Etudions à titre d'exemple un extrait des «Bottroper Protokolle», propos authentiques pris sur magnétophone et reproduits tels quels. (Erika Runge. Edition Suhrkamp 271. P. 14)

Clemens K., Betriebsratsvorsitzender:

„Früher war dat ja so: die Alten, die hatten ja auch wenig Einkommen. Jetzt ham die Flaschenbier angeschafft, wollten die Geld verdienen. Da ham die nix mit verdient. Die Kumpels, die hierher kamen, die hatten doch wenig Geld, die ham auf Pump genomm, meistens. Und da hab ich gesehn, wie die immer die Alten beschwindelt ham. Die ham nich bezahlt und so. Ich sag zu denen, ich kam ja denn schon mal öfter her: „Jetzt wolln wir mal die Sache in die Hand nehm. Dat geht ja so nich, dat die hier euch beschwindeln.'' Und dann hab ich manchem gesagt: „Du, hör mal, du hast jetzt schon soundsoviel genomm, hast nie bezahlt ...''. Und der hat sich geschämt und bezahlt. Und dann kam die Lotte dann, die war ja in Holland, kam die in Urlaub, bin ich mit ihr tanzen gegangn. Ich sag: „Wolln wir nich tanzen gehn?" Die Brüder alle mit und so. Dann war so ne Karnevals-Veranstaltung, hier bei den Kuckhoff, ich sag: „Komm, da gehn wir mal hin. Da ziehst du dir mal ein Kostüm an." Ich glaube, ich hab ihr das Kostüm sogar noch besorgt, so Rokoko, weiß nich, so ausm Altertum, Mittelalter. Sind wir da hingegangn. Die Schwiegermutter is mitgegangn, die ging mit, die Alte."

Sont typiques du langage parlé
- la prononciation dialectale: «dat», «ham», «nix», «nich»;
- la morphologie défectueuse: «genomm», «ausm», «is»;
- la syntaxe défectueuse: «Die Brüder alle mit und so»;
- la syntaxe «impressionniste», c'est-à-dire, dépourvue de charnières logiques: «Und dann kam die Lotte dann, die war ja in Holland, kam die in Urlaub, bin ich mit ihr tanzen gegangn.»
- l'emploi désordonné des temps du verbe: «Die ham nich bezahlt und so. Ich sag zu denen, ich kam ja denn schon mal öfter her ...».
- l'inversion dans la proposition affirmative: «Sind wir da hingegangn».
- l'emploi fréquent de pronoms démonstratifs: «Die ham nich bezahlt ...»; «... dat die hier euch beschwindeln.»
- l'emploi répété de formules déictiques et explétives: «da», «hier», «ja», «und dann», «und so».
- le recours fréquent au discours direct: «Da, hör mal, ...».

II. Connaissance du vocabulaire

1. **Cinq verbes exprimant la notion de ‹faire vite›.** Cf. les exemples.
Exercice: Lequel de ces verbes exprime avec le plus de force l'idée de ‹faire vite› (1), lequel est le plus faible ou le plus neutre (2)? Lequel de ces verbes exprime aussi la notion de ‹faire preuve de zèle› (3)?

Réponses:
(1) *se précipiter* de faire qc: s'élancer brusquement, impétueusement, être très pressé de faire qc.
(2) *se dépêcher*
(3) *s'empresser* à faire qc: mettre de l'ardeur, du zèle à servir qn.

2. **Cinq phrases à compléter par ‹entendre› ou ‹écouter›.** Cf. les exemples.
Entendre: percevoir par le sens de l'ouïe (emploi neutre)
Ecouter: s'appliquer à entendre; prêter son attention à des paroles.
- Nous *écoutons* avec intérêt le récit du cosmonaute ...
- ... on *entendait* les loups qui hurlaient ...
- ... les habitants de la ville *entendaient* le sourd grondement du canon.
- En s'approchant du château, les invités *entendirent* une douce musique.
- Il se cacha dans la broussaille et *écouta* en retenant le souffle.

3. **Expliquez:**
les Quarante Immortels – les 40 membres de l'Académie française.
être reçu sous la coupole – être reçu à l'Académie française. Ici, «coupole» (voûte de forme sphérique d'un dôme qui surmonte un édifice) signifie la coupole caractéristique de l'Institut de France qui comprend entre autres l'Académie française.
le français élémentaire – premier degré du français fondamental élaboré par Georges Gougenheim et son équipe. Il s'agit des structures et des mots les plus courants du français parlé qui servent de base à l'enseignement du français à l'étranger.
le dictionnaire de l'Académie (Cf. I 6: «L'importance des travaux de l'Académie française»).

III. Connaissance de la grammaire

La phrase conditionnelle. Cf. les exemples.
1. Si M. Dupont veut garder son emploi, il *doit* travailler plus sérieusement.
2. Si je n'avais pas de voiture, j'*achèterais* la vôtre.
3. Si nous prenions un taxi, nous *arriverions* plus vite.
4. Si vous *aviez lu* ce livre, vous auriez trouvé la solution de votre problème.
5. Si le pilote de l'avion *ralentit* la vitesse, le parachutiste peut sauter.

II. PARIS ET LA PROVINCE

ADMINISTRATION CENTRALISÉE — RÉGIONALISATION
Textes 15 – 17

I. Connaissance de la matière

1. Quelles sont les causes de la disparité entre le Nord et le Sud de la France?
Cf. LA TERRE. Exercices de compréhension et de contrôle I 6.

2. La France a-t-elle une administration
- **centralisée ou**
- **décentralisée?**
Justifiez votre réponse.

L'administration de la France continue d'être centralisée. De toute façon, elle est bien moins décentralisée que celles des autres pays de la Communauté Européenne.
Les structures administratives créées par la Révolution continuent de transmettre les directives et les instructions du pouvoir central. Le préfet est à la fois le représentant de l'Etat et son organe exécutif. Il est vrai que la Constitution de 1946 a prévu le transfert d'une partie de ses attributions au président du Conseil général, mais en 1958, la Constitution de la Cinquième République, plus soucieuse de l'autorité centrale, sacrifie purement et simplement l'article en question. La présence du préfet au cœur même de l'organisation départementale risque de paralyser les initiatives locales ou régionales du Conseil général.
Le chef de la municipalité, le maire, est lui-même agent de l'Etat. Il n'est pas responsable devant le Conseil municipal et ne saurait être révoqué par celui-ci. Mais il peut être suspendu et provisoirement remplacé par le préfet et révoqué par le gouvernement.
Proposés par le pouvoir central, les différents projets de «régionalisation» n'ont pas été accueillis avec enthousiasme. Nombreux sont ceux qui y flairent un piège: l'Etat n'aurait-il pas tendance à faire de la «Région» une autorité de tutelle supplémentaire, un organe d'une quelconque «déconcentration» plutôt que d'une véritable «décentralisation»?
L'échec des «Commissions de développement économique régional» (CODER) est significatif à cet égard. L'opinion publique a vivement critiqué la présence, au sein de ces organismes, de personnalités nommées par le Premier ministre, capables sans doute de bloquer d'éventuels projets mal vus d'en haut.
Chaban-Delmas, Premier ministre sous la présidence de Pompidou, principal artisan de la loi du 5 juillet 1972 relative à l'équipement des régions, a bien pris soin d'éviter ce risque. Les conseillers régionaux seront à cent pour cent des élus du suffrage universel: députés, sénateurs, représentants des collectivités locales. Mais cette loi, elle aussi, est restée impopulaire. On lui reproche notamment de ne pas prévoir
- l'élection des membres du conseil régional au suffrage universel direct (et de rendre obligatoire, par conséquent, le cumul des mandats),
- un exécutif régional élu par cette assemblée,
- de véritables services techniques indépendants de ceux du pouvoir central,
- l'autonomie financière, garantie nécessaire du fonctionnement d'une région.
En fait, ce dernier point est crucial. La faiblesse des ressources de la région — qui ne peut prélever que de précaires taxes additionnelles — risque de compromettre la liberté d'action de la collectivité régionale. Elle doit faire agréer ses projets par l'Etat pour obtenir des subventions indispensables.
Il est donc compréhensible que des régionalistes convaincus parlent, à propos de cette loi, d'une «caricature» de décentralisation.
Y aura-t-il un changement dans un proche avenir, peut-être après le départ des Gaullistes? Rien n'est moins sûr, puisque le «programme commun de la gauche» socialiste et communiste aborde la question avec trop de circonspection: «Le domaine des compétences de la région

ne portera atteinte ni à l'unité nationale ni à l'autonomie par ailleurs renforcée des départements et des Communes».

Le régime centralisateur ne risque donc guère d'être radicalement remis en question, à moins que d'invraisemblables progrès spectaculaires sur le plan de la construction de l'Europe ne viennent ébranler les structures sclérosées des pays composants.

Ajoutons que la lourde machine de la bureaucratie centralisée est quelquefois court-circuitée par d'influents hommes politiques qui occupent aussi des mandats locaux et dont les interventions auprès des ministères de tutelle sont souvent efficaces.

3. Qu'est-ce qu'on entend par centralisation?

L'exercice de l'administration est entièrement confié aux services du pouvoir central. Toute décision de caractère administratif est prise par les bureaux centraux qui relèvent directement du gouvernement. Les services locaux n'ont qu'une tâche d'exécution.

La tutelle de l'Etat français est assurée par un système hiérarchisé de moyens de contrôle qui correspondent aux structures administratives. C'est ainsi que le maire est responsable de la commune, le sous-préfet de l'arrondissement, le préfet du département, le «super-préfet» de la région. Ce sont tous des agents de l'Etat qui peuvent être révoqués par le gouvernement, mais pas par les assemblées des circonscriptions administratives respectives.

4. A quel régime correspond en général la décentralisation? Justifiez votre réponse.

D'après Detton et Hourticq (cf. texte 15), «la décentralisation correspond à un régime libéral ayant à sa base l'élection».

Le cadre politique propice à une autonomie relative des citoyens est donc la démocratie de type libéral. Respectant sa propre définition, elle confie une large partie des fonctions principales aux collectivités à champ d'action restreint dont les représentants sont élus par la population. Il va de soi que ces assemblées sont dotées du droit de prélever des impôts, ceci pour pouvoir faire face à leurs multiples devoirs. Mais par delà le côté technique de la décentralisation et ses incontestables avantages pratiques, on peut considérer aussi qu'elle est une école de civisme. La démocratie appliquée aux affaires locales habitue le citoyen à prendre des responsabilités, à discuter le pour et le contre des programmes proposés, à s'incliner devant l'opinion défendue par la majorité, à respecter le vote d'une minorité, à conclure des compromis vivables. Bref, il parfait sa formation politique, tout en acquérant une compétence plus étendue dans la gestion des affaires d'intérêt public.

5. Pourquoi y avait-il et y a-t-il toujours de fortes tendances centralisatrices en France?

Toujours d'après Detton et Hourticq (cf. texte 15), «la centralisation n'est pas à rejeter systématiquement». Ceci pour trois raisons:
- La tutelle administrative de l'Etat peut mettre le citoyen à l'abri de l'incompétence et des décisions arbitraires des autorités locales ou régionales.
- En périodes de troubles, la centralisation peut garantir l'unité nationale.
- L'esprit de système que les auteurs croient rencontrer «dans presque tout cerveau français» s'accommode mal d'un particularisme bigarré aux mœurs politiques disparates.

Ces trois arguments à l'appui d'un régime centralisateur sont de portée fort différente.

Le dernier argument résiste mal à l'examen critique. L'idée – plutôt esthétique que raisonnable – d'un édifice administratif rigoureusement symétrique devrait s'effacer devant les exigences vitales d'une politique concrète.

Le deuxième argument convainc sans doute le Français «moyen» qui a appris que l'unité nationale est une valeur en soi. En fait, il s'agit d'une création artificielle dont l'exaltation mystique sinon idéologique peut faire oublier des idéaux plus humains tels que la liberté individuelle ou la justice sociale.

Le premier argument est valable à condition que l'autorité centrale, elle, dispose de fonctionnaires compétents et lucides. Sinon, l'application routinière des consignes générales risque de créer des injustices ou des maladresses comparables à celles des éventuels «tyranneaux de village» dénoncés a priori par les partisans d'une tutelle absolue de l'Etat.

6. Depuis quand existe la division de la France en départements?

C'est en 1790 que l'Assemblée Constituante procède à la division de la France en 83 départements, subdivisés en districts (arrondissements), cantons et communes.

Les objectifs de cette réforme:
- uniformiser les cadres de l'administration locale et faciliter par là son contrôle par le pouvoir central,
- détruire le particularisme provincial, source éventuelle de scissions politiques,
- instaurer une administration élue et réaliser ainsi la démocratisation de la base.

Evidemment, ce troisième objectif, de tendance décentralisatrice, menace de tenir en échec les deux premiers, de tendance centralisatrice. Chaque département a son assemblée délibérante et son pouvoir exécutif («directoires» au niveau des départements, «corps municipaux» au niveau des communes). Tous les administrateurs sont élus; il n'y a aucun fonctionnaire représentant l'autorité centrale, tel que l'«intendant» de l'Ancien Régime ou le «préfet» du système actuel. Il est intéressant de voir que les particularistes modernes reprennent à leur compte les points essentiels de ce programme administratif «révolutionnaire» dans le cadre beaucoup plus étendu, il est vrai, de la Région. D'autre part, les héritiers spirituels des Jacobins centralisateurs ne cessent de dénoncer une décentralisation poussée à ce point, capable d'entraîner l'anarchie en période de crise.

7. Pourquoi les départements ne sont-ils plus appropriés à la vie économique et sociale d'aujourd'hui?

Approprié aux modestes moyens de transport et de communication du passé, le système des départements forme, aujourd'hui, un cadre trop restreint au développement économique qui, lui, décide de la promotion sociale de la population. Selon de Gaulle (cf. le texte 16), confier aux départements le devoir de planifier et de financer l'aménagement et l'équipement collectifs, «ce serait leur fixer des tâches généralement exorbitantes de leurs moyens et de leurs dimensions». Il s'agit donc de procéder au regroupement des départements dans la perspective de l'équilibre économique et social: il faut créer et savoir protéger un nombre suffisant d'emplois, il faut, pour respecter le principe de la justice sociale, subvenir aux besoins des contrées «pauvres», c'est-à-dire économiquement sous-équipées, et augmenter pour cela les charges des contrées «riches», c'est-à-dire économiquement privilégiées, il faut, finalement, faire de la prospective, c'est-à-dire investir capital et personnel dans le domaine des études à longue échéance, tâche difficile et coûteuse qui dépasserait par exemple les moyens et la compétence technique de la préfecture d'Epinal (département des Vosges), mais qui aurait de fortes chances d'être remplie par les services spécialisés de Nancy (région Lorraine).

8. Expliquez la fonction de l'autonomie par rapport à la concentration.

A l'intérieur d'un Etat, les pouvoirs peuvent être différemment répartis. Il y a concentration si l'Etat détient le monopole des fonctions principales telles que les fonctions de souveraineté (défense, relations extérieures, police, justice, état civil, information, etc.) et les fonctions économiques, sociales, culturelles, éducatives. Il y a autonomie partielle si une partie de ces fonctions est confiée à des collectivités régionales ou locales ou bien à des sociétés privées.

La différence entre ces deux conceptions est particulièrement frappante dans la vie économique. L'économie libérale pratiquée notamment par les Etats-Unis, le Japon et l'Allemagne fédérale semble être plus efficace dans un monde régi par la libre concurrence et le jeu libre de l'offre et de la demande. L'économie dirigée de type français pourrait être plus stable − à en croire ses théoriciens − pendant les périodes de crise marquées par la pénurie de matières premières ou d'équipement, par l'insuffisance quantitative ou qualitative de la productivité nationale, par des difficultés budgétaires ou monétaires, par des inflations et des stagnations internationales, etc. Toujours est-il qu'un système central de direction économique est forcément bureaucratique, donc peu flexible, très coûteux et d'un rendement douteux quand il y a interpénétration de structures autonomes et dirigistes, comme c'est le cas en France.

9. **Nommez les catégories socio-professionnelles qui auraient dû envoyer des représentants dans les conseils de région et montrez leur importance pour la vie économique, politique, sociale et culturelle du pays.**

Première catégorie: les chefs d'entreprise. Représentants de la classe dirigeante des secteurs secondaire et tertiaire, les patrons sont les pilotes du progrès et, bon gré mal gré, du progrès social.

Deuxième catégorie: les salariés. Partenaires sociaux des chefs d'entreprise, ils constituent, par leur masse et par l'étendue de leurs activités, mais aussi par le poids politique de l'électorat ouvrier, la catégorie la plus importante de la population. Principaux artisans de la richesse économique du pays, ils éprouvent le désir légitime d'en être aussi les principaux bénéficiaires. Aidés par les syndicats, ils s'engagent dans le combat social pour arracher aux employeurs des concessions capables de rehausser leur niveau de vie et, conséquemment, celui de la population entière.

Troisième catégorie: les agriculteurs. Malgré les difficultés de reconversion que le secteur primaire connaît depuis quelques générations, la paysannerie représente, pour des raisons économiques et politiques, la deuxième force dans la nation. La production agricole est toujours un des principaux facteurs du progrès économique tout entier, et les forces politiques qui veulent maintenir ou bien conquérir le pouvoir n'ont aucun intérêt à indisposer les agriculteurs dont les actions de pression sont des plus redoutées.

Quatrième catégorie: les professions libérales. Les effectifs modestes des intellectuels exerçant une profession libérale (avocats, médecins, journalistes, auteurs, éditeurs, artistes, architectes, etc.) ne sauraient faire oublier le rôle essentiel qu'ils jouent dans la vie locale et nationale. Catalysateurs et multiplicateurs des réactions de masse, ils exercent une forte influence sur tous le secteurs de la vie politique, sociale et culturelle. Les «événements» de mai 1968 par exemple n'auraient jamais pu se produire ainsi sans l'engagement efficace des intellectuels dits «de gauche».

Cinquième catégorie: l'Université. L'influence des chercheurs et des enseignants universitaires est comparable à celle des professions libérales, avec cette différence peut-être qu'ils sont encore plus qualifiés pour indiquer et pour circonscrire les thèmes prioritaires de la discussion publique. Puisqu'ils sont chargés de former les cadres de la société future, ils disposent à longue échelle de ses orientations techniques et idéologiques.

Sixième catégorie: les familles. Le culte que les Français vouent traditionnellement à la famille, «cellule de la vie sociale», a été en quelque sorte officialisé par les autorités soucieuses de combattre la dénatalité. En effet, une politique qui mise sur l'expansion économique, doit favoriser aussi la croissance démographique. Phénomène atypique dans le monde, les familles nombreuses se voient courtiser, en France, par les gouvernements respectifs de la Troisième République, de l'«Etat Français» de Vichy, de la Quatrième et de la Cinquième République. Le «désir» de quelques dirigeants gaullistes de pouvoir compter le plus vite possible 100 millions de Français n'est sans doute pas étranger à la décision de faire participer les représentants des familles aux délibérations des conseils régionaux.

II. Connaissance des méthodes

1. Quel est le but de l'éloquence?

2. Quels sont les moyens de l'éloquence? Donnez des exemples.

Cf. texte 16 – Analyse du texte: Le style et la composition.

Supplément d'information:
L'éloquence est «l'art de toucher et de persuader par le discours» (Petit Robert). Reprenant le concept des grandes rhétoriques de l'Antiquité (Aristote, Cicéron, Quintilien), cette définition «objective» ne tient pas compte de la connotation dépréciative du terme, qui, du temps des Sophistes jusqu'à nos jours, semble prévaloir. C'est ainsi que Raymond Aron dénonce, assez prudemment, il est vrai, le caractère démagogique de l'éloquence du général de Gaulle. Montaigne, dans un essai au titre suggestif «De la vanité des paroles», se réfère à Socrate et à Platon pour démasquer la vraie intention de ceux qui recourent à l'éloquence: c'est un «art de tromper et de flatter; et ceux qui le nient en la générale description, le vérifient partout en leurs pré-

ceptes». Et encore: «C'est un outil inventé pour manier et agiter une tourbe et une commune déréglée...»

Pour ce qui est des moyens de l'éloquence, les orateurs modernes continuent de respecter, consciemment sinon d'instinct, les éléments du schéma classique, à savoir:

l'invention ou la recherche des arguments et des preuves à développer.

Exemple: De Gaulle se sert habilement d'une dialectique élémentaire pour opposer d'abord la «province» au «département» et pour la récupérer ensuite dans le contexte de la «région».

la disposition ou la recherche de l'ordre dans lequel les parties du texte doivent se suivre.

Exemple: De Gaulle développe sa thèse (Il faut créer des régions) en trois mouvements distincts: 1. évolution historique; 2. besoins actuels; 3. règlement futur des problèmes posés.

l'élocution ou la manière d'exposer les idées le plus clairement et le plus efficacement possible. Exemples:

a) De Gaulle se sert d'un effet stylistique et rythmique du type «L'Auvergne et les Auvergnats, la Bretagne et les Bretons...», etc., ceci aussi pour capter la bienveillance des auditeurs ainsi mis dans le jeu.

b) L'orateur aménage des effets d'énumération («Syndicats, fédérations, associations, unions»), de gradation («...assez d'étendue, de ressources, de population...»), de contraste («...non plus de loin par les fonctionnaires de l'administration centrale, mais sur place par des personnes du pays...»).

c) L'orateur se sert d'expressions familières et populaires pour s'assurer l'attention de tous les auditeurs («les gars de ch'Nord»; «Du coup...»; «...et Dieu sait combien...»).

l'action, c'est-à-dire, le débit, l'intonation, les gestes et les jeux de physionomie.

Evidemment, ces procédés rythmiques, acoustiques, optiques ne se révèlent pas à la simple lecture du texte. Il faut avoir vu de Gaulle à la télévision – ou revoir un vieux documentaire – pour apprécier à sa juste mesure le côté théâtral du personnage. Trop conscient de l'effet escompté, il «charge» son rôle, il lui arrive même de friser le ridicule.

De façon générale, il est intéressant d'observer les orateurs qui se donnent du mal à coordonner leur texte, savamment fignolé d'avance, puis appris par cœur, avec l'«action» de son débit. Pour le «faire passer» naturellement, ils se livrent à un cabotinage des plus amusants. Mieux vaut sans doute retenir seulement la direction générale et les points essentiels de l'argumentation: l'improvisation sauvegarde l'accent inimitable de la spontanéité et de la fraîcheur intellectuelle.

3. Qu'est-ce qu'un compte rendu? A quoi sert-il?

Cf. le manuel: Le compte rendu (le rapport) (p. 66).

Supplément d'information:

Le compte rendu est un exposé clair et simple de ce qu'on a vu, entendu ou lu. Il est destiné à informer des personnes obligées ou désireuses d'être tenues au courant d'événements ou de situations. Forme habituelle de communication dans toutes les administrations, le rapport est aussi le genre journalistique par excellence. C'est ainsi que l'actualité politique, économique, financière, culturelle, sportive, mondaine, etc. est servie aux lecteurs sous forme de comptes rendus. Mais force est de constater que les rapporteurs professionnels de la presse écrite et parlée pèchent assez souvent contre les qualités de base du genre («Le compte rendu doit être clair, exact, complet»), ceci par négligence ou même délibérément. Et rares sont les rédacteurs responsables qui, tels ceux du journal «Le Monde», passent au crible tous les manuscrits pour les rendre «objectifs».

III. Connaissance du vocabulaire

A. Trouvez le mot qui correspond à la définition:

1. Une organisation sociale dans laquelle les personnes sont réparties de telle façon que chaque personne est supérieure à la précédente par l'étendue de son pouvoir ou par l'élévation de son rang social:
– Une hiérarchie.

2. Le chef du pouvoir exécutif municipal:
– Le maire.

3. Dernière subdivision administrative du territoire:
– *La commune.*

4. Est composé de 11 à 37 membres élus pour 6 ans au suffrage universel:
– *Le conseil municipal.*

5. Meilleure répartition dans le cadre géographique national des hommes et des actions en fonction des ressources naturelles:
– *La régionalisation.*

6. Des assemblées délibérantes formées pour moitié par des représentants élus des catégories socio-professionnelles, pour un quart par des représentants élus des collectivités locales, pour un quart par des personnalités nommées par le Premier ministre:
– *Les commissions de développement économique régional* (CODER).

B. **Complétez par le mot convenable:**
1. Les Auvergnats habitent *l'Auvergne.*
2. Les *Provençaux* habitent la Provence.
3. Les Bourguignons habitent *la Bourgogne.*
4. Les *Francs-Comtois* habitent la Franche-Comté.
5. Les Alsaciens habitent *l'Alsace.*

IV. Connaissance de la grammaire

Transformez les phrases suivantes en vous servant de la forme pronominale:

1. La mini-jupe était portée en 1970.
– La mini-jupe *se portait* en 1970.

2. Le dîner est pris le soir.
– Le dîner *se prend* le soir.

3. Cette pièce est jouée partout.
– Cette pièce *se joue* partout.

4. La moisson du blé est faite au mois d'août.
– La moisson de blé *se fait* au mois d'août.

5. Cette nourriture n'est pas facilement digérée.
– Cette nourriture ne *se digère* pas facilement.

PARIS
Textes 18 – 22

I. Connaissance de la matière

1. **Quelle fonction a le district de Paris?**
Le district de Paris est
– le centre politique,
– le centre administratif,
– le centre culturel,
– le centre scientifique,
– le centre économique,
– le centre commercial,
– le centre de la circulation routière, ferroviaire, aérienne,
– le centre touristique
de la France.

2. Donnez quelques exemples pour la concentration de la vie politique française à Paris.

Se trouvent à Paris
- la résidence du président de la République (Palais de l'Elysée),
- l'assemblée nationale (Palais-Bourbon),
- le sénat (Palais du Luxembourg),
- le conseil constitutionnel (Palais-Royal),
- les ministères,
- les résidences des ambassadeurs étrangers,
- les centrales des partis politiques,
- les centrales des syndicats.

3. Donnez quelques exemples pour le prestige intellectuel de Paris.

Se trouvent à Paris (respectivement dans la région parisienne)
- treize ensembles universitaires (Orsay, Nanterre, Vincennes, etc.),
- la plupart des Grandes Ecoles telles que l'Ecole Normale Supérieure, l'Ecole Polytechnique, l'Ecole Nationale d'Administration, l'Ecole Nationale Supérieure des Beaux-Arts, etc.,
- le Conservatoire National Supérieur de Musique et le Conservatoire National d'Art Dramatique,
- des centres de recherche tels que le Centre National de la Recherche Scientifique, le Collège de France, l'Institut Pasteur, etc.,
- les 5 académies de l'Institut de France: l'Académie Française; l'Académie des Inscriptions et Belles-Lettres; l'Académie des Sciences; l'Académie des Beaux-Arts; l'Académie des Sciences Morales et Politiques,
- les grandes bibliothèques telles que la Bibliothèque Nationale, le Bibliothèque de l'Institut de France, la Bibliothèque Sainte-Geneviève, la Bibliothèque de l'Arsenal, la Bibliothèque Mazarine, etc.,
- des dizaines de musées tels que le Louvre, le Musée National d'Art Moderne, le Musée de l'Homme, le Musée des Monuments Français, le Musée de Cluny, etc.,
- les «salons» et les grandes expositions temporaires de même que des centaines de galeries commerciales,
- d'innombrables magasins spécialisés d'antiquaires,
- d'innombrables ateliers de peintres, notamment à Montparnasse et à Montmartre,
- des dizaines de théâtres, de sociétés de concerts, de chorales,
- des centaines de cinémas, dont ceux «d'art», «d'essai», «d'exclusivité»,
- les rédactions des grands quotidiens et de presque tous les magazines de même que les centrales de la radiodiffusion et de la télévision,
- presque toutes les maisons d'édition,
- les organismes centraux des Eglises catholique et protestante, de la religion juive, d'un grand nombre de sectes religieuses.

4. Donnez quelques exemples pour l'attraction que Paris exerce sur les Provinciaux.

D'après les pronostics des démographes, appuyés par les calculs des économistes, la région parisienne aura quinze millions d'habitants avant l'an 2000. Un Français sur quatre résidera alors dans le «grand Paris». Cette concentration démographique, engagée depuis des siècles, a pris des dimensions inquiétantes au cours des décennies passées. Ses causes sont faciles à déceler:
- La moyenne des salaires touchés dans la région parisienne dépasse de 25% la moyenne des salaires payés en province.
- Les gains des ouvriers sont généralement plus élevés que ceux des petits exploitants ou de la main-d'œuvre agricole. Or, la région parisienne est la principale région industrielle de la France. Disposant d'un grand nombre d'emplois, elle accueille chaque année des milliers de jeunes provinciaux en quête de travail.
- La qualité de vie d'un salarié habitant et travaillant à Paris est généralement considérée comme plus élevée que celle d'un salarié habitant et travaillant en province, même si ce dernier touche un salaire comparable: l'atout principal de la capitale, ce sont les multiples perspectives d'occuper les loisirs. Ajoutons que, pour une large part, il s'agit là d'une illusion.

Une fois rentrés chez eux, la plupart des Parisiens ne pensent plus qu'à se reposer. Rares sont les distractions qui pourraient compenser la continuelle usure nerveuse que comporte la vie dans une grande métropole.

- Les jeunes provinciaux quelque peu ambitieux et désireux de faire carrière dans un métier tant soit peu original sont presque tenus de faire leur apprentissage dans la capitale, faute de possibilité de formation appropriée dans leur province natale. Très souvent, ils font durer leur séjour parisien pour pouvoir exercer ce métier.

L'objectif principal de la «décentralisation» timidement engagée depuis peu est justement d'arrêter cette saignée brutale et perpétuelle de la province. En lui rendant une partie du capital humain qu'elle n'a cessé de placer à Paris, on veut la faire vivre de ses propres ressources.

5. Donnez quelques exemples pour la concentration du commerce et de l'industrie à Paris.

Les entreprises commerciales et industrielles font souvent fortune en province, mais elles préfèrent établir leurs organes directeurs à Paris. C'est ainsi que l'impôt sur les sociétés et la taxe sur le chiffre d'affaires prélevés dans la région parisienne dépasse la moitié du total national. Cette concentration s'explique en partie par la nécessité de procéder à des regroupements pour faire face à une concurrence de plus en plus internationale. Le nombre des établissements commerciaux diminue, leur taille augmente. Un exemple: L'importance des Grands Magasins (magasins à succursales multiples) s'accroît sans cesse. Leur siège social est infailliblement Paris.

Née du commerce, ne trouvant sur place ni matières premières ni sources d'énergie, l'industrie proprement «parisienne» est une industrie de transformation:
- Plus de la moitié des ouvriers français de l'automobile travaillent dans la région parisienne.

Il en est de même pour
- les ouvriers de l'industrie aéronautique,
- les spécialistes de l'appareillage électrique, notamment dans le secteur du matériel télégraphique et téléphonique,
- les techniciens de l'industrie chimique, notamment dans le secteur de l'industrie pharmaceutique.

6. Qu'est-ce qu'il faut faire pour maintenir le rang de Paris comme centre économique?

7. Pourquoi cette position de Paris est-elle en danger?

Avec un pessimisme lucide, Philippe Lamour (cf. texte 19) trace le tableau d'un Paris («villemusée et ville de plaisirs») qui manque son avenir faute d'avoir su remédier à temps aux fléaux de notre civilisation qui guettent la capitale, notamment la «saturation de l'encombrement» et, partant, l'«impossibilité de circuler, de travailler et de vivre». Du coup, l'activité économique de la ville sera compromise, et les entreprises la déserteront pour chercher ailleurs «un milieu d'activité plus efficace et plus rentable».

Que faire?

Il faudrait, en dépit de toutes les difficultés budgétaires, techniques et politiques, élaborer et coordonner une série de programmes pour décongestionner la ville, notamment
- créer, dans les campagnes d'Ile-de-France, des dizaines de cités «d'équilibre» assez grandes pour délester la région parisienne de quelques millions d'habitants,
- aménager, le long des routes qui relieront Paris et ces villes nouvelles, des axes de développement industriel qui recevront la plupart des usines à construire,
- décentraliser, mais «pour de bon» cette fois, des centaines d'entreprises parisiennes et, de préférence, les usines les plus «polluantes» pour libérer l'espace nécessaire à la santé et aux loisirs des hommes,
- retenir ou accueillir, au contraire, des industries de pointe comme par exemple l'électronique, pour maintenir le rang et le prestige de Paris «capitale du progrès»,
- développer le secteur tertiaire à l'échelon européen et créer, à ce dessein, de nouveaux quartiers d'affaires à proximité des grandes gares et des aéroports,
- aménager, surtout, un système de transport en commun efficace et humain, libérer le centre de la ville de l'auto encombrante, polluante, laide, créer, par contre, suffisamment de zones piétonnes.

8. Est-il possible de faire de Paris une ville complètement moderne?

9. Quels arguments parlent en faveur de la conservation du Paris historique?

Les Polonais ont pieusement rebâti Varsovie entièrement rasé par la guerre. Les Parisiens auraient sans doute fait de même si l'ordre d'un dictateur fou, stratège de la «terre brûlée», n'avait pas été saboté en 1944.

Que les urbanistes de la Ve République enlaidissent la capitale en bouchant ses horizons proches et lointains de cubes de béton, qu'ils fassent transformer les quais de la Seine en autoroutes, qu'ils gâchent une chance unique en replâtrant le quartier des «Halles» démolies d'un quelconque centre administratif[1], personne, heureusement, ne pense à remplacer, sous prétexte d'assainissement, le Paris historique par une ville «complètement moderne». Entreprise insensée d'ailleurs: les conceptions techniques et esthétiques des urbanistes changent au même rythme que les impulsions politiques auxquelles elles obéissent. Au moment de son achèvement, une ville nouvelle est déjà dépassée par l'évolution. Brasilia par exemple vieillit rapidement, ce que cette capitale artificielle a encore de plus vivant, ce sont les mêmes bidonvilles qui serrent de près Rio, l'ex-capitale. Les architectes du Moyen Age, de la Renaissance, du classicisme avaient, pour des raisons différentes, l'ambition de construire, sinon pour l'éternité, du moins pour des centaines d'années. Leurs œuvres sont en grande partie suffisamment solides pour tenir ce pari, pourvu, évidemment, qu'on les protège. Les architectes actuels, mal assurés en général de la valeur de leurs réalisations, sont bien plus modestes: la démolition, après quelques décennies de service, des édifices modernes est programmée d'avance. Dans de telles conditions il est sans doute préférable d'investir d'importantes sommes dans la conservation et la restauration prudente des quartiers historiques, témoins d'un passé toujours vivant, que de les remplacer par des bâtiments fonctionnels moins coûteux, il est vrai, mais voués à l'usure rapide et à une disparition plus ou moins proche. Faire de Paris une ville «complètement moderne» est heureusement impossible, ou bien ce ne serait plus Paris. Mais puisque la situation actuelle est intenable, il faut envisager des solutions de rechange comme celle qu'on a indiqué plus haut. (Cf. 6.)

10. Qu'est-ce qu'on a fait pour faire face à la crise du logement?

11. Pourquoi beaucoup de Parisiens quittent-ils la ville pour habiter en banlieue ou dans les départements du district de Paris?

12. Pourquoi les femmes habitant les nouveaux quartiers (grands ensembles) ne sont-elles pas contentes de leur sort?

Cf. texte 21.

Paris et sa banlieue occupent 0,5% seulement du territoire français, mais le district de la capitale concentre 8 millions d'habitants, soit 17% de la population française. Chaque année la population du «grand Paris» augmente de 150000 personnes. C'est ainsi qu'entre 1954 et 1968 le nombre des nouveaux-venus égale celui de la population de Marseille et de Bordeaux réunis.

Cette croissance galopante pose de graves problèmes de logement que l'administration s'applique à résoudre systématiquement à partir de 1961, année de création du «district» de Paris.

Dans une première phase de la réalisation du «schéma directeur» l'immense banlieue parisienne — elle s'étend sur un rayon de 30 km autour de la Cité — voit pulluler les H. L. M. des «grands ensembles» de Sarcelles, Fresnes, Poissy, Créteil, etc.

Ecœurés par les conditions de vie insupportables que leur inflige le vieux Paris, fuyant les encombrements, le bruit, l'asphyxie, la perpétuelle tension nerveuse, souvent un logement insalubre, les Parisiens s'arrachent les nouveaux appartements qui ne sont pas trop étroits et qui offrent, dans une nature pas trop polluée, un confort moderne quoique standardisé. Partis à la recherche d'une qualité de vie meilleure, ils reviennent vite, souvent, de leurs illusions.

---

[1] La raison fait toutefois son chemin. Le successeur du président Pompidou, M. Valéry Giscard d'Estaing, plus conscient que son prédécesseur d'un urbanisme à visage humain, a tout de suite annulé ces décisions: l'autoroute rive gauche ne sera pas construite, et les plans de réaménagement du quartier des Halles seront modifiés.

«Sarcelles» devient synonyme d'ennui, de dépression, de psychose. Pour les hommes, ce sont les déplacements interminables, pendant les heures d'affluence, les loisirs rongés, l'épuisement physique et mental («métro – boulot – dodo»), pour les femmes, c'est peut-être pire: la ségrégation sociale dans d'immenses «cages à lapins», l'idiotie du travail ménager toujours recommencé, l'impossibilité de sortir, de faire du «lèche-vitrine», de bavarder avec une amie.

Psychologues, sociologues, urbanistes se penchent sur le problème, circonscrivent le syndrome de la «sarcellite», finissent par attaquer le gouvernement qui prend son temps avant de trancher. Le 21 mars 1973, la construction des «grands ensembles» est interdite. M. Olivier Guichard, ministre de l'aménagement du territoire et de l'équipement, déclare alors vouloir stopper le gigantisme pour humaniser l'habitat. Désormais, dans une agglomération de moins de 50 000 habitants, un seuil maximum de mille logements par «zone d'aménagement concerté» (ZAC) ne devra pas être franchi. Une série impressionnante de chantiers est arrêtée, entre autres la nouvelle ZAC de Sarcelles.

S'agit-il d'une manœuvre politique? Le gouvernement sait bien que les grands ensembles renforcent la «ceinture rouge» qui entoure Paris, leurs habitants votant de préférence communiste. Aussi M. Canacos, député communiste et maire de Sarcelles, proteste-t-il vivement contre la décision du gouvernement. Selon lui, cette interdiction empêche justement Sarcelles de devenir une «vraie ville», et ceci dans un moment où elle est sur le point de trouver un visage humain. (Cf. *Le Monde* 20 – 21 mai 1973, p. 6.)

II. Connaissance des méthodes

1. Quelle fonction a la synthèse?

2. Quel rôle joue la synthèse dans la vie pratique?

Cf. le manuel: La synthèse (p. 82).

Supplément d'information:

Dialectiquement opposées, les opérations de l'analyse et de la synthèse se complètent ou, psychologiquement parlant, s'interpénètrent dans le processus de la compréhension. Des types de devoirs aux fonctions différentes tels que le compte rendu, le précis, le sommaire, le plan rédigé supposent tous la faculté de la lecture intelligente qui évite les excès et d'une «analyse» chaotiquement détaillée et d'une «synthèse» simpliste. Qu'on se garde donc, d'une part, de donner dans les détails en perdant de vue l'ensemble, et, d'autre part, de s'égarer dans les généralités vagues en perdant de vue les données concrètes du texte à étudier.

La fonction spécifique de la synthèse est donc de faire ressortir l'ensemble cohérent des idées qui constituent l'intérêt d'un texte afin de faire comprendre cet intérêt aux personnes auxquelles elle s'adresse.

Dans la vie pratique, des efforts semblables sont constamment requis. Pour les besoins élémentaires de la communication, informations, commentaires, rapports, procès-verbaux, dépositions exigent le regroupement concis et ordonné des parties du message.

3. A quoi faut-il faire attention quand il faut faire un ‹plan rédigé›?

On s'appliquera à

- dégager les grandes parties de la composition telles que l'introduction, le développement, la conclusion;
- comprendre la manière dont le texte progresse: est-ce que les paragraphes qui se suivent marquent une continuité, une suite d'arguments positifs ou négatifs, des alternatives, des explications, une documentation?
- étudier, à cet égard, la fonction de ses pivots tels que les conjonctions de coordination, les locutions adverbiales, la distribution des temps et des modes, les types de proposition;
- faire ressortir les mots clés qui jalonnent la marche de la pensée;
- chercher des titres aux parties ainsi constituées;
- «rédiger» le plan, c'est-à-dire, faire entrer les mots clés dans un cadre syntaxique court et précis, en faisant un effort d'abstraction sémantique.

III. Connaissance du vocabulaire

1. Faites une phrase avec
  – autobus
  – métro
  – train de banlieue
  – taxi
  – autocar
  – bus
  – express.

– L'*autobus* est, après le métro, le moyen de transport le plus important des Parisiens.
– Le *métro* est le chemin de fer souterrain qui relie les différents quartiers d'une grande ville.
– Les ouvriers qui habitent les grands ensembles, se servent des *trains de banlieue* pour rejoindre leurs usines.
– Les *taxis* attendent les voyageurs devant les grandes gares parisiennes.
– Les soirs d'été, les *autocars* de tourisme s'arrêtent par douzaines sur la butte Montmartre.
– «*Bus*» est une abréviation d'«autobus».
– Le métro express ou «*express*» tout court circule plus vite que le métro normal. Il s'arrête bien moins souvent que ce dernier.

2. Remplacez les mots qui ne conviennent pas.
«*culturel*» pour «politique»,
«*quartiers résidentiels*» pour «quartiers industriels»,
«*pavillon*» pour «grand ensemble»,
«*les heures de pointe*» pour «les heures creuses».

3. Complétez par le mot convenable choisi dans la liste suivante: peser, le coût de revient du travail, faîte, originaire, évoquer.
– Paris sera une ville «chère» parce que *le coût de revient du travail* augmente constamment.
– Beaucoup d'hommes supérieurs ne sont pas nés à Paris, mais sont *originaires* des diverses régions de la France.
– La solitude *pèse* aux habitants des grands ensembles.
– Les monuments de Paris *évoquent* le passé glorieux de la France.
– A Paris, il y a beaucoup de personnes qui sont arrivées au *faîte* de leur profession.

IV. Connaissance de la grammaire

Complétez les phrases suivantes par la forme convenable de ‹tout› (avec ou sans article).
– *Tous les* hommes sont mortels.
– Ces cadeaux sont *tous* pour vous.
– *Toute* femme se croit belle.
– L'épouse du banquier était *toute* chargée de bijoux précieux.
– Vous pouvez lui offrir ce que vous voulez, il refuse *tout*.

LA LORRAINE
LE BAS-LANGUEDOC
LA BRETAGNE

Textes 23 – 29

I. Connaissance de la matière

1. Quelle est l'importance de la Lorraine dans le cadre de la vie économique de la France et de l'Europe du Marché commun?

La Lorraine fournit, sur le plan national,
- 70% de la fonte et 60% de l'acier,
- le tiers de la production houillère,
- 10% de la production d'électricité thermique,
- presque la totalité de la production de sel gemme,
- presque les trois quarts de la production de soude caustique et de carbonate de soude.

Moins importants sur le marché national, mais promis sans doute à un plus grand rôle à l'avenir, les sous-produits de l'industrie lourde (benzol, sulfate d'ammoniaque, gaz, goudron, ciment, engrais, matières premières pour les textiles synthétiques) intéressent aussi les voisins (La Sarre en Allemagne, le Luxembourg, la Belgique). Il en est de même, bien sûr, pour le minerai de fer, de loin l'article d'exportation le plus important de la Lorraine, dont le transport se fait notamment par la voie ferrée, la canalisation de la Moselle servant surtout à l'importation du coke de la Ruhr nécessaire à la fonte de la «minette» lorraine.

Encore pauvre en industries de transformation, la Lorraine occupe une place assez modeste dans l'économie européenne. La région, dangereusement sous-équipée, est perpétuellement sous la menace d'un chômage massif. Le recul constant du charbon qui a marqué l'après-guerre, est quelque peu remis en question, il est vrai, par la politique de restriction engagée en 1973 par les pays arabes producteurs de pétrole, mais il n'en reste pas moins que les mines continuent de renvoyer du personnel. La région a du mal à récupérer et à reclasser les sans-travail, parce que la sidérurgie lorraine, elle aussi, traverse une période de crise du fait surtout de la forte concurrence étrangère. Il est même question de supprimer une partie des usines lorraines pour aider le démarrage du complexe puissant de Fos-sur-Mer actuellement en construction. Fuyant l'instabilité économique et sociale de leur région, beaucoup de Lorrains viennent travailler en Allemagne, notamment en Sarre. Gaullistes de tradition, mais de plus en plus mécontents de la situation de leur pays, les Lorrains ont même tendance à bouder les programmes politiques de la majorité. C'est ainsi qu'un radical-socialiste, M. J. J. Servan-Schreiber, promoteur de la régionalisation, mais ennemi farouche de la bureaucratie parisienne, a pu arracher à deux reprises la circonscription de Nancy à ses concurrents gaullistes.

(Le magazine L'Express que J. J. S. S. a fondé et temporairement dirigé, a d'ailleurs consacré un numéro spécial aux problèmes de la Lorraine. Cf. L'Express du 3 avril 1972: «La Lorraine attend Pompidou»).

2. Quel est le caractère particulier de cette région industrielle?

Cf. les textes 23 et 24.

Contrairement à l'industrie de la Ruhr qui a totalement envahi et submergé la nature, l'industrie lorraine détruit rarement l'harmonie naturelle du paysage. Le relief accidenté, particulier de la région, dû à l'alternance de dureté des terrains argileux et calcaires, se prête à merveille à «cacher» les complexes industriels au voyageur de passage. Evidemment, ce n'est pas partout le cas: les routes nationales suivent parfois les tracés de vallées plus ou moins encaissées où les rues sont jalonnées par de petites entreprises de ferronnerie, de fonderie, de clouterie, etc. En revanche, les mines et les hauts fourneaux restent généralement à l'écart des grands axes de circulation. Il n'en est pas de même des cités ouvrières qui, assez souvent, s'étalent entre les centres des vieux villages et les routes nouvelles qui les contournent. Mais il est toujours possible de traverser du nord au sud la Lorraine industrielle, en suivant par exemple l'itinéraire Luxembourg – Briey – Metz – Nancy ou bien l'itinéraire Sarrelouis – St. Avold – Château-Salins – Nancy, sans avoir l'impression de voir la troisième région économique de la France.

Mais il est fort à parier que, d'ici peu, là aussi la nature cédera le pas à «l'aspect fiévreux et presque inhumain des zones industrielles» (Nistri – Prêcheur), développement inévitable et même souhaité des Lorrains dans la perspective de l'aménagement de la région.

3. Décrivez une «cité ouvrière».

Conseils pour la rédaction:
- Caractérisez la localité.
  Exemple: Petite ville sur la frontière sarroise, 25 000 habitants, des serrureries, des mines à quelques kilomètres.
- Indiquez le site.
  Exemple: Sortie sud de la ville: échangeurs, stations d'essence, garages, terrains vagues.
- Décrivez le terrain.
  Exemple: Un rectangle ayant l'étendue de deux stades, à flanc de coteau, entre la route nationale et un petit bois, pelouses, chemins de desserte bordés de buissons.
- Décrivez les bâtiments.
  Exemple: Quatre cubes de béton, symétriquement disposés, à quatre étages, aux toits plats et aux façades peintes en blanc.
- Indiquez les signes particuliers.
  Exemple: La forêt des antennes de télévision sur les toits, les rideaux multicolores, les dizaines de cyclomoteurs et de vélomoteurs devant les portes d'entrée; parmi les voitures qui, pendant la nuit, stationnent sur les trottoirs, dominent les Renault et les Peugeot de format moyen; il y a aussi quelques «DS», visiblement «d'occasion», deux ou trois VW, mais pas une seule 2 CV.
- Décrivez les mouvements.
  Exemple:
  6 heures du matin: le service routier des mines de X effectue le ramassage des ouvriers (cigarettes au coin de la bouche, cols roulés, vestes de cuir, quelques bleus de travail).
  6h30–7: départ des ouvriers qui se servent de leurs voitures.
  7h30: ramassage scolaire.
  8–12 h: le va-et-vient irrégulier des ménagères qui promènent leurs bébés, s'approvisionnent aux camionnettes des marchands ambulants ou bien enfourchent leurs «Solex» pour faire des courses en ville.
  12 h: rentrée d'une partie des ouvriers.
  13h30: nouveau départ.
  16–17 h: rentrée étalée des ouvriers et des enfants.
  19 h: départ des jeunes à vélomoteur ou en voiture.
  20–22 h: retour étalé des jeunes gens.

4. La Lorraine est aussi une région agricole. Quelles sont les principales ressources des agriculteurs?

L'agriculture lorraine vit de
- l'élevage (vaches laitières et animaux de boucherie, surtout bovins, porcs et moutons) et, conséquemment, de
- la culture des plantes fourragères,
- la culture du blé,
- la culture des légumes et des fruits (mirabelles).

Le vignoble, assez important à la fin du XIXᵉ siècle (40 000 hectares), ne couvre plus que 2000 hectares aujourd'hui. En revanche, les forêts, et notamment les bois de conifères, s'étendent sur les sols pauvres.

5. L'évolution historique de la viticulture dans le Bas-Languedoc.

6. Les conséquences de la monoculture de la vigne pour la structure économique et sociale du Bas-Languedoc.

Terre classique de la polyculture de type méditerranéen (blé, olivier, vin, élevage de moutons) jusqu'à la première moitié du XIXᵉ siècle, les plateaux et les plaines du Bas-Languedoc ont depuis lors complètement transformé leur structure économique. La monoculture de la vigne, pratiquée depuis un siècle environ, est toujours à l'origine de la prospérité de la population ou encore des crises économiques et sociales qu'elle traverse. C'est ainsi qu'après le premier essor, les vignes sont gravement atteintes, vers 1880, par le phylloxéra, puceron parasite qui détruit les racines de ceps. Des souches d'origine américaine, résistantes au phylloxéra, sont alors greffées. On cultive, de préférence, des variétés à grand rendement, tel que l'aramon dont on tire surtout des vins de consommation courante. L'exploitation de plus en plus mécanisée, de caractère presque industriel, constitue l'aisance des Languedociens, mais elle est constamment menacée par la surproduction. Cette situation s'aggrave après la deuxième guerre mondiale. Les débouchés sont restreints, et la concurrence des vins algériens, sur le marché français, et des vins italiens, sur le marché européen, est fort dangereuse. Pour combattre le chômage et l'exode massif notamment des petits exploitants, les viticulteurs engagent quelques mouvements de protestation qui ne donnent pas grand-chose: les mesures que le gouvernement peut prendre — par exemple: faire acheter une partie des excédents par l'Etat, en faire tirer de l'alcool à brûler et le livrer à l'industrie — restent peu efficaces. L'avenir est incertain. Peut-on espérer une augmentation de la demande grâce à la diminution des importations algériennes et à la croissance démographique (cf. texte 25: dernier paragraphe) ou serait-il plus raisonnable de consacrer à d'autres cultures (légumières et fruitières) une partie des terres occupées par la vigne? Cette dernière solution, plus sympathique sans doute et consacrée officiellement par la réalisation d'un vaste programme d'irrigation (canal du Bas-Languedoc), risque malheureusement aussi de se solder par un échec: plusieurs régions du Midi méditerranéen, d'ores et déjà spécialisées dans ces cultures, se voient dans l'impossibilité d'écouler tous leurs produits. A quoi bon alors remplacer une surproduction par une autre?

7. Décrivez la situation de la Bretagne par rapport à la vie économique de la France, d'une part, et par rapport aux grandes lignes de navigation de commerce de l'Atlantique, d'autre part.

Entre 1954 et 1968, 100 000 Bretons sont partis à l'intérieur de la France, fuyant le sous-emploi chronique de leur région toujours faiblement industrialisée.
C'est la pêche qui emploie la main-d'œuvre la plus nombreuse et qui fournit l'essentiel des ressources. Sa productivité est tout à fait remarquable sur le plan national (cf. le diagramme et la statistique).
Les cultures maraîchères (pommes de terre, artichauts, ail, petits pois, haricots verts, choux) font la fortune des régions côtières. La plus grande partie de la production est écoulée vers le grand centre de consommation qu'est la région parisienne. La «ceinture dorée» est aussi une des premières régions touristiques de la France, et le tourisme breton, source importante de revenus, est en pleine expansion.
La Bretagne intérieure, au sol assez fertile, cultive le blé, l'avoine et, comme spécialité, les pommes de terre de semence dont la qualité est appréciée partout en France.
Par son site, la Bretagne semble être appelée à jouer un rôle de premier plan dans le commerce maritime. En fait, seul le XVIIIᵉ siècle se montre à la hauteur de cette vocation (cf. texte 28). Les troubles politiques et économiques de la Révolution et de l'Empire entravent considérablement les activités commerciales. Faute de grands ports et faute d'arrière-pays industriel, la Bretagne n'est le point de départ d'aucune grande ligne de navigation, si l'on excepte toutefois la basse Loire, avec Nantes et Saint-Nazaire, villes situées en marge de la Bretagne.

8. Expliquez le caractère solitaire du paysage breton.

La Bretagne romantique (cf. texte 27) n'existe plus. Actuellement, la région a 3 millions et demi d'habitants; elle est donc assez densément peuplée et, en saison touristique, passablement encombrée, par endroits du moins. Pour retrouver l'atmosphère romantique évoquée par le poète, il faut pénétrer dans la région des plateaux, à l'intérieur de la péninsule. Là, il y a encore de vastes landes qui dégagent une impression de solitude et de mélancolie, à moins que les ajoncs, au printemps, ou les bruyères, en automne, n'égaient la vue. La nature est vraiment archaïque, par contre, dans la région des «monts» qui, exposés à un vent violent, frappent par leur aridité et par la solitude du site et qui donnent ainsi l'illusion de la haute altitude. Finalement, il n'y a sans doute rien de plus impressionnant que de regarder, un après-midi en hiver par exemple, un coin du paysage côtier de l'ouest. C'est une nature grandiose et sauvage qui se compose de caps déchiquetés descendant à pic, de hautes falaises, de rochers, d'écueils, le tout fouetté par la tempête et les vagues.

9. **Donnez quelques exemples de personnages historiques pour caractériser les Bretons.**

Citons à titre d'exemple
- Pierre Abélard (1079 – 1142), théologien et philosophe scolastique, abbé de St-Gildas-de-Rhuys près de Vannes,
- Guillaume le Breton (né vers 1227), poète et chroniqueur de Philippe-Auguste,
- Mme de Sévigné (1626 – 1696), Bretonne par alliance, qui a rédigé une grande partie de ses «Lettres» dans son château des Rochers près de Vitré,
- Alain-René Lesage (1668 – 1747), écrivain, auteur des romans «Gil Blas» et «Le diable boiteux»,
- François-René de Chateaubriand (1768 – 1848), écrivain romantique (cf. texte 27),
- Félicité de Lamennais (1782 – 1854), écrivain et philosophe (cf. texte 43),
- Ernest Renan (1823 – 1892), écrivain, historien et philosophe,
- Auguste Brizeux (1803 – 1853), poète, auteur de l'épopée rustique «Bretons»,
- Jules Verne (1828 – 1905), auteur de romans d'aventures et d'anticipation scientifique,
- Louis Hémon (1880 – 1913), romancier, auteur de «Marie Chapdelaine»,
- Pierre Loti (1850 – 1923), officier de marine et écrivain, auteur de «Pêcheur d'Islande»,
- Henri Queffélec (né en 1910), romancier («Le recteur de l'île de Sein») et essayiste («Franche et secrète Bretagne»).

S'il est permis de parler du «génie» d'une région, celui de la Bretagne est imprégné par la poésie, d'inspiration souvent intimiste, par le goût de l'histoire, de l'exploration spéculative et par la fascination du grand large.

10. **Montrez l'importance de la pêche pour la vie économique de la Bretagne.**

Cf. la statistique et le texte 28.

Lorient, Concarneau et Douarnenez sont, après Boulogne, les trois premiers ports de pêche français. La pêche anime, en outre, un grand nombre de petits ports, tout le long du littoral breton. Il faut distinguer la pêche côtière qui s'est spécialisée sur les «poissons frais» (maquereaux, soles, turbots, raies, mulets, etc.) et la grande pêche (morues, thons, sardines). La pêche aux crustacés, particulièrement développée puisque la Bretagne fournit presque les trois quarts de la production française, ne se contente plus aujourd'hui d'exploiter les fonds côtiers. L'équipement moderne des embarcations leur permet de partir pour plusieurs mois. C'est ainsi que quelques langoustiers pourvus de viviers et de congélateurs vont pêcher jusqu'au large de la Mauritanie. La production conchylicole (huîtres, moules, coquilles Saint-Jacques), avec 60% de la production nationale la plus importante après la pêche aux crustacés, est organisée selon des normes industrielles, surtout sur les côtes de la Manche où les parcs d'affinage sont de plus en plus nombreux.
La production de la pêche bretonne est expédiée dans toute la France, à moins qu'elle ne soit exploitée par les conserveries régionales (les deux tiers de la production nationale).
D'autres entreprises se sont spécialisées sur la transformation des déchets de poisson: on en fait des engrais, des aliments de bétail et même des produits pharmaceutiques.

II. Connaissance des méthodes

1. **Quels sont les principaux critères de la description comme information?**

2. **Quels sont les principaux critères de la description littéraire?**

Cf. le manuel: la description (p. 99).

Supplément d'information:
Une description peut représenter une réalité observée (exemple: une machine à écrire), elle peut aussi peindre une réalité imaginée (exemple: un cauchemar). Dans la plupart des cas cependant, observation et imagination se renvoient la balle, elles se relèvent et s'interpénètrent dans le procès créateur. Ceci est vrai pour Nistri et Prêcheur (cf. texte 23) qui, en pleine description informatrice, évoquent une «vision personnelle» («Vision essentiellement fugitive, qui trouble à peine la quiétude des horizons lorrains») ou communiquent une «émotion personnelle» («. . . présentent l'aspect fiévreux et presque inhumain des zones industrielles»), qui, par endroits, s'adressent donc «aux sentiments plutôt qu'à la raison». Ceci est vrai aussi pour Barrès (cf. texte 24) qui, en pleine description littéraire, respectant la «réalité des faits»,

fait preuve de «souci d'exactitude» («...on les vide, les pêche et les met en culture toutes les trois années») et qui ne craint même pas de relever un élément déconcertant de réalisme («...les grandes fumées industrielles de Dieuze...»), ne serait-ce que pour le récupérer ensuite par un procédé poétique.

Dans les deux cas, les auteurs font tout naturellement, «parmi les aspects des choses, un choix et un arrangement personnels». Chaque texte structuré suit une idée conductrice et élimine les éléments qui ne s'y rapportent pas, à moins, bien sûr, qu'il ne s'agisse d'une description rigoureusement technique, et encore!

La «description comme information» et la «description littéraire» ne sont donc pas des genres strictement séparés, leurs critères respectifs indiquant une tendance plutôt qu'une exclusivité.

Pour ce qui est de l'agencement interne de la description et de ses procédés caractéristiques, on aura intérêt à se poser les questions suivantes:

- L'ordre des éléments observés est-il logique, chronologique, préférentiel, anarchique, etc.?
- La composition est-elle équilibrée, symétrique ou bien déséquilibrée, dissymétrique?
- Quelle est la perspective spatiale? (Vue panoramique, gros plan fixe, angle de vue, tableau, film.)
- Quelle est la perspective temporelle? (Présent réel, présent fictif, passé récent, passé lointain, projection imaginaire dans le futur.)
- Quels sont les sensations qui prédominent?
- A quels sentiments l'auteur fait-il appel?
- Une description n'étant pas une énumération, qu'est-ce qui lui donne son unité?

(Cf. P. Theveau, J. Lecomte «Théorie de l'explication littéraire par l'exemple». Classiques Roudil. Paris.)

III. Connaissance du vocabulaire

1. **Trouvez des éléments de sens identiques dans**
- ‹exploitation› et ‹extraction› : la mise en profit de ressources naturelles;
- ‹minerai› et ‹houille› : de la matière à extraction;
- ‹couche› et ‹gisement› : veine, disposition d'éléments superposés dans le sous-sol;
- ‹puits› et ‹galerie› : excavation pratiquée dans le sol ou le sous-sol pour l'exploitation d'un gisement;
- ‹forge› et ‹haut fourneau› : métallurgie.

2. **Complétez les phrases suivantes par le mot ou l'expression choisis dans la liste suivante: ancien, sommet, arbres fruitiers, colline, vallée, à flanc de coteau, antique.**
- Nous habitons au pied de la *colline*.
- Je grimpe au *sommet* de la montagne.
- Une partie de l'industrie lourde de la Lorraine se trouve dans les *vallées* de la Chiers, de la Fentsch et de l'Orne.
- Nos parents ont des meubles *anciens* et modernes.
- Les *arbres fruitiers* poussent dans la vallée de la Moselle autour de Metz.
- Les vignobles s'étagent *à flanc de coteau*.
- Cette statuette *antique* date du IIIe siècle avant Jésus-Christ.

IV. Connaissance de la grammaire

Remplacez dans les phrases suivantes la subordonnée par un participe présent:
- Quand il vit l'embarras de la dame, l'employé s'excusa et lui promit de l'aider.
(Voyant l'embarras de la dame, ...)
- Quoiqu'il sache que cet homme est un voleur, le directeur de la banque l'a invité à dîner.
(Sachant que ...; *mieux:* Tout en sachant que ...)
- Le mendiant qui mourait de faim regarda avidement par la vitre du restaurant.
(Mourant de faim, ...)
- Parce que le négociant avait peur d'être trompé, il refusa le marché.
(Ayant peur d'être trompé, ...)

III. UN PASSÉ VIVANT

LA FRANCE MONARCHIQUE

Textes 30 – 38

I. Connaissance de la matière

1. Que savez-vous du règne de Charlemagne?

Dates et événements:

771	Après la mort de son frère Carloman, Charles est seul roi des Francs.
772	Première expédition de Charles en Saxe.
773 – 4	Campagne d'Italie. Capitulation de Pavie. Charles roi des Lombards.
778	Charles en Espagne (Roncevaux).
779 – 85	Expéditions punitives contre la Saxe.
785	Soumission de Widukind.
785	Aix-la-Chapelle capitale de Charlemagne.
787 – 8	Révolte et soumission de Tassillon de Bavière.
797	Ambassade franque à Bagdad.
800	Charles empereur d'Occident.
802	Ambassade franque à Constantinople.
806	Partage de l'empire: Charles, roi de Francie et d'Allemagne-Nord, Pépin, roi de Lombardie et d'Allemagne-Sud, Louis, roi d'Aquitaine, Septimanie, Provence, Bourgogne et Catalogne.
810	Mort de Pépin.
811	Mort de Charles.
814	Mort de Charlemagne à Aix-la-Chapelle. Louis le Pieux empereur.

2. Faites un abrégé de la vie de la Pucelle.

Jeanne, fille d'un fermier aisé, est née entre 1410 et 1412 à Domrémy en Lorraine. Patriote, pieuse, mystique, elle se sent appelée par des «voix» à faire sacrer Charles VII et à délivrer la France des Anglais. Le 25 février 1429, Charles la reçoit à Chinon. A la tête d'une petite troupe armée, Jeanne oblige les Anglais à lever le siège d'Orléans (8 mai). Les Anglais sont encore battus à Patay (18 juin). Le 17 juillet, Charles est sacré à Reims. La tentative de prendre Paris échoue. Le 23 mai 1430, Jeanne est faite prisonnière par les Bourguignons près de Compiègne. Le comte de Luxembourg la livre aux Anglais pour de l'argent. Ceux-ci l'accusent de sorcellerie et d'hérésie et la font comparaître devant un tribunal ecclésiastique, présidé par Pierre Cauchon, évêque de Beauvais. En 1431, elle est condamnée et brûlée vive à Rouen. En 1456, un autre tribunal ecclésiastique reconnaît son innocence.

3. Quel fut le rôle historique de Jeanne d'Arc?

Les quelques victoires militaires de Jeanne ne constituent qu'un épisode de la guerre de Cent Ans. Après sa disparition, les hostilités reprennent de plus belle. La partie la plus importante de sa mission n'est pas achevée. Les envahisseurs restent encore longtemps sur la terre française.
Le rôle important que Jeanne d'Arc joue dans l'histoire de France, est d'ordre spirituel. Par sa foi inébranlable, son courage, son enthousiasme patriotique, la force inexplicable de sa personnalité, Jeanne réussit là, où les représentants officiels de la royauté, personnages falots, souvent veules, font piètre figure: elle enflamme et entraîne les soldats, elle galvanise le peuple, elle lui rend sa conscience nationale et la volonté de vaincre. Quoi d'étonnant qu'aux moments des grandes crises, en 1914, en 1940, en 1958, la France – ou du moins ses propagandistes – se souvienne de l'héroïne et du «miracle» qu'elle a accompli, car «Jeanne d'Arc, qui personnifie le patriotisme français, est restée la gloire la plus pure de notre histoire». («Petit Larousse»).

4. Expliquez et commentez la phrase célèbre de Henri IV: «Paris vaut bien une messe».

Pendant la deuxième moitié du XVIe siècle, la France est le théâtre de sanglantes «guerres de religion» qui opposent catholiques et protestants. Henri, roi de Navarre depuis 1562, est calviniste et, à partir de 1569, chef des Huguenots. En abjurant un moment les doctrines réformées, il échappe au massacre de la Saint-Barthélemy (1572), mais dès 1576, il reprend la lutte du côté protestant et défait ses adversaires près de Coutras, en 1587. Roi de France après la mort de Henri III, en 1589, il se voit en face d'une coalition puissante formée par la ligue catholique, le pape et Philippe II, roi d'Espagne. Incapable de combattre à la fois les résistances intérieures et le danger extérieur, incapable d'entrer dans la capitale occupée et défendue par ses ennemis, il se décide, en 1593, à se convertir au catholicisme, pour désarmer ses adversaires. Cette politique se révèle payante: en 1594, Paris lui ouvre ses portes. La fameuse phrase qu'on lui prête à cette occasion («Paris vaut bien une messe») semble avoir, de prime abord, une signification cynique: «Je veux bien m'accommoder de ces simagrées religieuses pourvu que je stabilise mon pouvoir.» Cette interprétation est-elle la bonne? Rien n'est moins sûr. Il y en a une autre: tolérant et pacificateur, écœuré des excès sanglants commis par des gens qui se servent du fanatisme religieux à des fins égoïstes, Henri aurait sacrifié la foi de son enfance au bien-être du pays et racheté ensuite son abjuration par la promulgation de l'édit de Nantes garantissant aux Huguenots le libre exercice de leur culte et leur octroyant un statut juridique.

5. Caractérisez la façon de gouverner de Henri IV.
Cf. texte 32.

D'après M. Andrieux,

– Henri IV force la sympathie du peuple par «le sens du gouvernement humain», c'est-à-dire, par
  – – son amour de la justice,
  – – sa façon paternelle de traiter ses sujets,
  – – son talent de faire siens «les sentiments et les aspirations français»,
  – – sa politique de paix qui rend au pays «la force et la gaîté».
(premier paragraphe)
– Henri IV fait preuve de qualités stratégiques et tactiques pour mettre un terme aux conflits religieux qui déchirent le pays, ceci
  – – en ne perdant jamais de vue son objectif principal: garantir la liberté de conscience à tout le monde,
  – – en gagnant les catholiques, donc la majorité du pays, à un compromis limitant leurs droits,
  – – en négociant patiemment les articles de l'Edit,
  – – en profitant habilement des sympathies dont il jouit auprès des deux partis.
(deuxième paragraphe)
– Henri IV se montre tour à tour persuasif et autoritaire pour imposer sa volonté, ceci
  – – en se réclamant uniquement du bien du peuple,
  – – en pensant sans cesse à la grandeur du royaume,
  – – en surveillant de près le travail de l'administration,
  – – en pleine conscience du devoir que Dieu lui a confié: gouverner, en père, la nation.
(troisième paragraphe)
– Henri IV perfectionne le régime absolu. A ce dessein,
  – – il y approprie les structures du royaume et du gouvernement;
  – – il affermit son pouvoir personnel en réduisant graduellement l'influence des grands seigneurs et les attributions des trois états.
(quatrième paragraphe)
– Henri IV se garde bien de faire dégénérer l'absolutisme en tyrannie, ceci
  – – en ne démordant jamais, il est vrai, du principe du pouvoir absolu, mais
  – – en ne pratiquant pas non plus la politique de l'obéissance aveugle,
  – – en demandant, par contre, la coopération et le consentement de tous pour mener à bien un travail qui intéresse toute la nation.
(cinquième paragraphe)

6. Relevez les faits matériels qui pourraient justifier qu'on appelle Louis XIV un grand roi.

Louis XIV, «le Grand»,
- stabilise les succès politiques remportés par Richelieu et Mazarin sur le plan extérieur (1648: la paix de Westphalie; 1659: le traité des Pyrénées) et sur le plan intérieur (1653: l'échec de la Fronde);
- conquiert, pour la France, l'hégémonie politique sur l'Europe (1667−8: guerre de dévolution; 1672−9: guerre contre la Hollande; 1688−97: guerre contre la ligue d'Augsbourg);
- est à l'origine de réalisations importantes à l'intérieur telles que
  - − le rétablissement de l'ordre dans l'administration des finances (Colbert),
  - − la croissance systématique de l'industrie et du commerce (Colbert),
  - − la réorganisation de l'armée (Louvois);
- fait de Paris la capitale des arts et des lettres en encourageant − c'est-à-dire, en finançant − poètes, écrivains, comédiens, musiciens, architectes, etc.

7. Décrivez la situation des paysans français au XVIIIᵉ siècle.

Au XVIIIᵉ siècle, la France est essentiellement un peuple de paysans. Quatre sur cinq Français vivent alors de l'agriculture. Une petite minorité d'entre eux sont des propriétaires, mais leurs revenus sont en général modestes sinon insuffisants: les champs sont peu étendus et souvent mal entretenus. Ce qui est plus grave: les paysans sont écrasés par les impôts directs (taille, vingtième, capitation) et indirects (gabelles, aides) qu'ils doivent au roi, par la dîme qu'il faut payer au curé, et par les droits féodaux redevables au seigneur. Les seigneurs possèdent à peu près deux tiers des terres. Ils les font cultiver par des fermiers qui leur paient un loyer en argent, par des métayers qui leur cèdent une partie de la récolte, et par des journaliers, ouvriers agricoles, qui se louent à la journée. Ces trois catégories constituent la grande majorité des paysans. Leur niveau de vie, très modeste dans les bonnes années, se dégrade considérablement dans les années frappées par la sécheresse et les intempéries. Les récoltes médiocres qui en résultent, déciment le bétail, entraînent une hausse générale du coût de la vie, provoquent la disette, car souvent les paysans n'ont même pas le droit de retenir, de la récolte, ce qu'il leur faut pour vivre. Un système rigoureux de contrôle économique les oblige d'approvisionner les marchés et de respecter le prix du pain fixé d'office par le gouvernement.

Techniquement, l'agriculture est arriérée. Pour améliorer le cheptel, les agronomes prônent la culture des plantes fourragères, de la pomme de terre, du maïs, du navet, mais puisqu'il faut du pain et encore du pain pour nourrir des consommateurs de plus en plus nombreux, on continue partout à cultiver les céréales qui appauvrissent les sols.

Enfermés dans ce cercle vicieux, condamnés à la faim, au chômage, réclamant en vain la suppression des droits seigneuriaux, les paysans finissent par se révolter. Des émeutes éclatent en 1789, bien avant les événements de Paris. Des châteaux et des monastères sont pris d'assaut et pillés, des fours banaux et des moulins sont démolis. En juillet, au moment de la «grande peur», les paysans revendiquent ouvertement l'abolition du régime féodal.

Dans la nuit du 4 août, l'Assemblée nationale décide de supprimer les dîmes et les privilèges fiscaux. Ce sont finalement les paysans qui portent le coup mortel à l'Ancien Régime.

8. Quelle était la fonction des états généraux?

Les «Etats généraux» sont, sous l'Ancien Régime, les assemblées des représentants des trois ordres (noblesse, clergé, tiers état). Convoqués de façon irrégulière par les rois et invités essentiellement à ratifier la politique royale et à voter des subsides, les Etats sont rarement délibérants. Ils ne peuvent exercer un contrôle réel sur la politique financière et se bornent à diminuer, si possible, le montant des sommes que le roi leur demande d'agréer. Ils ont le droit d'exprimer des «doléances» et des conseils sur la conduite générale des affaires. Les Etats de Tours de 1484, sans doute les plus importants avant la Révolution, se prononcent pour une démocratisation des institutions et proclament notamment la thèse de l'origine populaire du pouvoir, mais, malgré quelques concessions, vite oubliées, du gouvernement, cette tentative reste sans lendemain. Condamnés à l'inefficacité à cause de leurs intérêts opposés − les députés des ordres privilégiés sabotent généralement les initiatives du tiers état − et tenus à l'écart par les souverains absolus, les Etats ne sont même plus convoqués entre 1614 et 1789. Impressionnée par la grave crise économique qui éclate sous le règne de Louis XVI et qui menace de porter atteinte à ses privilèges, l'aristocratie demande alors la convocation des Etats généraux. Ses espoirs de pouvoir dominer l'assemblée se révèlent illusoires: Les membres du tiers état, conscients du fait qu'ils représentent la majorité écrasante du peuple, se transforment en Assemblée nationale. L'Ancien Régime s'effrondre.

II. Connaissance des méthodes

En vous servant du tableau de Louis XIV par Rigaud et des différents textes sur ce roi, faites un portrait moral par le physique de Louis XIV.

Le «portrait d'apparat» de Rigaud, document de la «grande manière» du début du XVIIIe siècle, combine les procédes du classicisme et du baroque. La toile veut impressionner, sinon subjuguer par l'effet de masse, par la somptuosité du décor, par les effets d'éclairage, par la grandiloquence du geste, procédés qui accentuent l'importance du sujet traité.

L'arrière-plan, vaguement grandiose (colonnes et draperie), les insignes de la dignité royale (couronne, bâton, épée), l'arrangement raffiné du manteau, véritable morceau de bravoure de la composition, la nonchalance étudiée du personnage, tout contribue à la savante mise en scène de la majesté.

En 1701, quand Rigaud peint ce portrait, Louis XIV a 63 ans. A l'époque, un homme de cet âge est vieux. Le tableau, lui, présente un homme dans la force de l'âge, rajeuni plutôt par la pose théâtrale (port de tête, mouvement des bras, la façon curieuse de présenter les jambes) et les attributs de la mode (la perruque volumineuse, les chaussures à hauts talons).

Il est peut-être naïf de vouloir reconstituer les principaux traits de caractère du roi en «interprétant» le portrait stylisé de Rigaud. Toujours est-il qu'il flatte l'amour-propre du roi: c'est ainsi qu'il veut qu'on le voie.

Voltaire le voit bien (cf. textes 33 et 35). Pour lui, la clé du caractère de Louis XIV est l'amour de la «gloire», le souci de la «grandeur», la certitude d'être l'objet de l'«admiration» du peuple. Incessamment préoccupé de la «magnificence» de sa cour qu'il ne cherche qu'à «embellir» pour créer un cadre digne de sa «réputation» et de l'idée qu'il se fait de lui-même, il manque de mesure: «trop plein de grandeur», il n'est pas à l'abri de la vanité et donc trop sensible à la flatterie.

Fénelon (cf. texte 34) accentue ce reproche: «empoisonné» par les «conseils flatteurs», l'esprit du roi ne voit plus la «vérité toute pure»; il est prisonnier d'un monde factice où on ne s'occupe que de l'«idole de (sa) gloire», il craint «d'ouvrir les yeux» parce que sa conviction d'être «les délices du peuple», pourrait s'avérer fausse.

Ajoutons, à titre documentaire, deux textes de Saint-Simon (1675–1755), observateur lucide quoique «méchant» de la scène de Versailles à l'époque de Louis XIV.

«Le roi est grand, les épaules un peu larges, la jambe belle, danse bien, fort adroit à tous les exercices. Il a l'air et le port d'un monarque, les cheveux presque noirs, taché de petite vérole, les yeux brillants et doux, la bouche rouge; et avec tout cela il est parfaitement beau. Il a infiniment de l'esprit et très agréable. Son geste est admirable avec ceux qu'il aime, et l'on dirait qu'il le réserve tout entier pour ceux-là. Ce qui aide à persuader de la délicatesse de son esprit, c'est qu'il n'a jamais donné son cœur qu'à des personnes qui en eussent infiniment. Il avoue que, dans la vie, rien ne le touche si sensiblement que les plaisirs que l'amour donne. C'est son penchant naturel. Il est un peu dur, l'humeur dédaigneuse et méprisante avec les hommes, un peu de vanité, un peu d'envie, et fort peu commode s'il n'était roi: gardant sa parole avec une fidélité extrême, reconnaissant, plein de probité, haïssant ceux qui en manquent, ferme en tout ce qu'il entreprend.»
(Mémoires IV. Bibliothèque de la Pléiade. P. 1108–9)

«Ses ministres, ses généraux, ses maîtresses, ses courtisans s'aperçurent, bientôt après qu'il fut le maître, de son faible plutôt que de son goût pour la gloire. Ils le louèrent à l'envie et le gâtèrent. Les louanges, disons mieux, la flatterie lui plaisait à tel point, que les plus grossières étaient bien reçues, les plus basses encore mieux savourées. Ce n'était que par là qu'on s'approchait de lui, et ceux qu'il aima n'en furent redevables qu'à heureusement rencontrer, et à ne se jamais lasser en ce genre. C'est ce qui donne tant d'autorité à ses ministres, par les occasions continuelles qu'ils avaient de l'encenser, surtout de lui attribuer toutes choses, et de les avoir apprises de lui. La souplesse, la bassesse, l'air admirant, dépendant, rampant, plus que l'air de néant sinon par lui, étaient les uniques voies de lui plaire.»
(Ibid. p. 951).

III. Connaissance du vocabulaire

1. Expliquez:
le désastre (texte 30): malheur, ici: la défaite
outre-Rhin (texte 30): au-delà du Rhin; emploi courant: l'Allemagne
l'échec (texte 30): insuccès, défaite
intrépide (texte 31): qui ne craint pas le danger
un pays ravagé (texte 31): pays dévasté, ruiné
les huguenots (texte 32): protestants calvinistes français.

2. Remplacez le mot qui ne convient pas.
- «brûlée» pour «broyée»
- «soumettre» pour «soulever»
- «employa» pour «déploya»
- «chargée» pour «lourde»
- «faim» pour «famine».

IV. Connaissance de la grammaire

Employez ‹y› ou ‹en› ou le pronom personnel, selon le cas.
1. Elle pense *à elle*;
2. Il *y* pense;
3. Il parlait *d'elle;*
4. Il *s'en* plaignait.

LA RÉVOLUTION ET L'EMPIRE
L'ÉPOQUE MODERNE

Textes 39–46

I. Connaissance de la matière

1. Quels sont, aujourd'hui encore, les droits fondamentaux les plus importants de la Déclaration des Droits de l'homme et du citoyen?
En 1948, l'assemblée générale de l'O.N.U. adopte la «Déclaration universelle des droits de l'homme» qui servira de modèle à toutes les constitutions démocratiques votées depuis, entre autres à la «loi fondamentale» de la République fédérale d'Allemagne (1949). Le texte des Nations Unies rend hommage à la «Déclaration» française de 1789 en reprenant ses principaux articles, notamment
- la liberté individuelle
- l'égalité politique et sociale
- la sécurité de la personne
- la propriété
- la résistance à l'oppression.

Evidemment, il faut adapter ces principes aux temps modernes, en les spécifiant ou en complétant les droits et les libertés qui en découlent. C'est ainsi que le texte de l'O.N.U. condamne par exemple
- la discrimination de la femme
- le racisme
- l'esclavage et la torture
- toute mesure entravant le libre choix de la résidence
- toute mesure entravant le libre choix du travail
- toute mesure entravant la liberté d'association professionnelle, etc.

2. Dans quelle situation se trouve la France quand Danton fait son discours «De l'audace, encore de l'audace»?

Le 20 avril 1792, la Législative déclare la guerre à l'Autriche qui a rejeté un ultimatum français exigeant notamment de ne pas entrer dans une coalition dirigée contre la France. Cette coalition se forme justement après la déclaration de la guerre. Le roi de Prusse mobilise aussi. Les deux armées sont prêtes à envahir la France. Le duc de Brunswick, général en chef des armées prussienne et autrichienne, lance alors un manifeste où il précise que les «...deux Cours alliées n'entendent point s'immiscer dans le gouvernement intérieur de la France, mais qu'elles veulent uniquement délivrer le roi, la reine et la famille royale de leur captivité...».

Ce texte n'intimide pas l'Assemblée. Robespierre exige la déchéance de Louis XVI, et, le 10 août 1792, le château des Tuileries est forcé par les partisans de la «Commune insurrectionnelle». Le roi est suspendu de ses pouvoirs, et le pouvoir exécutif est confié à un «Conseil provisoire» dominé par Danton connu surtout comme orateur populaire.

La situation militaire se dégrade pourtant. L'armée est désorganisée, affaiblie surtout par le départ de la plupart des officiers et par la désertion de plus de 50 000 hommes. Les volontaires, révolutionnaires enthousiastes, manquent de métier. La discipline est relâchée. Lors des premières hostilités, des régiments entiers se dispersent. Fin août, Prussiens et Autrichiens s'avancent vers la capitale. Verdun, la dernière place fortifiée protégeant Paris, est assiégé. La Commune appelle les patriotes aux armes, mais la population est affolée.

C'est ce moment décisif que choisit Danton pour haranguer l'Assemblée. Quelques semaines plus tard, la victoire de Valmy sauve la révolution.

3. Montrez la différence qu'il y a entre les idées de la Déclaration des Droits de l'homme et les idées exprimées dans le discours de Danton.

La «Déclaration» met l'accent sur la liberté qui «consiste à pouvoir faire tout ce qui ne nuit pas à autrui». Une restriction des libertés individuelles ne saurait être imposée que par la loi. Ceci est valable notamment pour la liberté d'opinion. La place de l'égalité est plus modeste. Elle ne figure pas parmi les droits imprescriptibles bien que le premier article précise que «les hommes naissent et demeurent ... égaux en droits». Mais les auteurs de la «Déclaration» sont surtout soucieux de protéger l'individu contre une application arbitraire des lois. L'éventualité d'un régime d'exception n'est pas prévue, mais l'article 5 («La loi n'a le droit de défendre que les actions nuisibles à la société»), assez vague, en fait, justifie l'installation, à partir de 1792, de «tribunaux exceptionnels» et la justice «révolutionnaire» qui en résultera.

Le discours de Danton marque justement la fin de la phase libérale de la révolution. Le «danger de la patrie» proclamée par la Commune, la mise au pas de l'Assemblée transformée en «véritable comité de guerre», les menaces massives que profère l'orateur à l'encontre d'éventuels objecteurs annoncent le climat de terreur qui régnera sur la France pendant quelques années. Les députés qui applaudissent Danton, ne se rendent peut-être pas compte du caractère équivoque de son discours. L'«audace» qu'il conjure à grands cris, ne se tournera pas seulement contre l'ennemi extérieur, elle se retournera aussi contre l'esprit de 1789. Le sens de la révolution se trouve ainsi changé. «Libre» sera désormais attribut de «peuple», de «nation» plus que d'«individu». Bien sûr, Danton ne serait pas à court d'arguments pour se défendre: la liberté individuelle est garantie par l'indépendance de la nation. Pour sauvegarder celle-ci, prioritaire, il faut, en temps de crise du moins, imposer des contraintes. Seulement, ces contraintes, déclarées provisoires, tendent à se perpétuer: les Français attendront longtemps l'avènement d'une démocratie de type libéral.

4. Donnez un abrégé de la carrière de Napoléon.

Bonaparte fait son éducation militaire au collège de Brienne, puis à l'Ecole Militaire de Paris. En 1785, il est nommé sous-lieutenant d'artillerie. En 1793, il participe efficacement à la reprise de Toulon sur les Anglais. En octobre 1795, il est chargé de réprimer l'insurrection royaliste de Paris. Nommé général en chef de l'armée d'Italie (mars 1796), il triomphe des armées piémontaise et autrichienne. Le traité de Campo-Formio (1797) stabilise les conquêtes françaises et consacre la gloire du jeune général. L'expédition d'Egypte (1798–9), entreprise pour ruiner la domination et le commerce anglais dans l'Inde, se solde par un demi-échec. Bonaparte remporte une série de victoires qui le rendent maître du pays, mais l'amiral anglais

Nelson détruit la flotte française ancrée à Aboukir. En août 1799, Bonaparte quitte furtivement l'Egypte pour accomplir le Coup d'Etat qu'il médite depuis longtemps. Le directoire qui s'est rendu impopulaire par une politique militaire et fiscale mal inspirée, est renversé le 9 novembre 1799. D'abord consul pour dix ans, Bonaparte devient consul à vie en 1802 et Empereur des Français en 1804. Vainqueur de l'Autriche (1805), de la Prusse et de la Russie (1806–1807), Napoléon est pratiquement maître du continent. Son mariage, conclu en 1810 avec une fille de l'empereur d'Autriche, et la naissance d'un fils, en 1811, semblent assurer l'avenir de la dynastie. Deux ans suffisent cependant pour détruire l'Empire. En 1812, Napoléon perd son armée en Russie; en 1813, il perd l'Allemagne après sa défaite à Leipzig; en 1814, les alliés entrent en France, et Napoléon est contraint d'abdiquer. Revenu au pouvoir en 1815, il est définitivement battu à Waterloo et interné à l'île de Sainte-Hélène.

5. **Quels sont, d'après Chateaubriand, les résultats positifs, quels sont les résultats négatifs du règne de Napoléon Ier ?**

Cf. texte 41.

Parlant des qualités du régime napoléonien, Chateaubriand met en valeur
– l'efficacité de l'exécutif concentré dans la personne de l'Empereur,
– l'organisation excellente de l'administration,
– la mise en vigueur d'un code unique de lois applicable à toute la France et adopté par d'autres pays encore,
– la réorganisation de l'enseignement,
– le rétablissement de la liberté religieuse,
– le rétablissement de la discipline dans l'armée,
– les succès militaires qui font de la France la première puissance d'Europe.

Cependant ces réalisations sont largement contrebalancées par les aspects négatifs de l'Empire, tels que
– les pertes considérables causées par la guerre: à l'époque des grandes campagnes, on compte en moyenne 130 000 décès de militaires par an,
– l'effort rude que les charges de la guerre imposent à la population entière, et l'épuisement général qui en résulte,
– la conscription qui, dès 1806, se fait impitoyable: l'armée appelle les classes même par anticipation,
– le despotisme de l'empereur. Napoléon ne tient pas compte des lois constitutionnelles, il convoque rarement le corps législatif, et il légifère de plus en plus par décrets. Il appuie sa dictature sur un régime policier très efficace. Une armée d'agents secrets traque les «suspects» en puissance qui ne disposent plus d'aucune garantie de liberté et de sécurité: on peut les faire arrêter par «mesure de sécurité» arbitraire. La liberté de la pensée est bafouée. Fouché, le ministre de la police, organise un système de contrôle qui ne tarde pas à paralyser la vie culturelle. Pièces de théâtre, livres, journaux sont censurés. C'est ainsi que le «Mercure de France» est supprimé pour avoir publié, le 4 juillet 1807, un article de Chateaubriand qui fait preuve d'un courage exemplaire en écrivant notamment ceci:

«Lorsque dans le silence de l'abjection, l'on n'entend plus retentir que la chaîne de l'esclave et la voix du délateur; lorsque tout tremble devant le tyran et qu'il est aussi dangereux d'encourir sa faveur que de mériter sa disgrâce, l'historien paraît, chargé de la vengeance des peuples. C'est en vain que Néron prospère, Tacite est déjà né dans l'Empire; il croît inconnu auprès des cendres de Germanicus et déjà l'intègre Providence a livré à un enfant obscur la gloire du maître du monde.»
(A. Cassagne «La vie politique de Fr. de Chateaubriand». Plon, éd.)

6. **Faites un petit exposé oral sur le déroulement de l'affaire Dreyfus.**

Cf. le manuel: Le discours et l'exposé oral (p. 170).

Conseils pour le travail de préparation:

a) *La documentation*
L'élève chargé de ce travail s'appuiera de préférence sur une analyse claire et concise du problème telle qu'on la trouve dans un manuel de classe français. Indiquons à titre d'exemple la collection «Histoire» de Jean Monnier (Edition Fernand Nathan) et précisément le sixième volume de cette série (Duroselle – Gerbet: Classe de première. 1848–1914).

b) *Le plan*

Pour structurer son exposé, l'élève aura intérêt à suivre le fil conducteur des idées, c'est-à-dire, une suite de mots clés qu'il écrira aussi au tableau pour permettre à ses camarades de saisir la composition de l'exposé. Cette liste pourra éventuellement servir de cadre à une discussion générale du sujet.
- Espionnage
- Antisémitisme
- 1er procès: conseil de guerre de Paris
  condamnation: déportation à vie
- «J'accuse»
- Dreyfusards contre Anti-Dreyfusards
- Révision
- 2e procès: conseil de guerre de Rennes
  condamnation, avec circonstances atténuantes: dix ans de détention
- 3e procès: cour de cassation: réhabilitation.

c) *La rédaction de l'exposé*

L'élève retracera le développement chronologique des événements en marquant leurs moments importants.
- En 1894, on apprend que des secrets militaires ont été trahis au profit de l'Allemagne.
- L'écrivain Edouard Drumont, auteur d'ouvrages antisémites (1886: La France juive), lance une campagne de presse contre le capitaine Dreyfus, officier juif de l'état-major.
- Sans avoir de preuves concluantes, le conseil de guerre de Paris reconnaît Dreyfus coupable. Dreyfus est dégradé et condamné au bagne.
- De nouvelles preuves qui semblent parler en faveur de Dreyfus, ne sont pas retenues par l'état-major soucieux surtout de défendre la réputation de l'armée.
- Le 14 janvier 1898, l'écrivain Emile Zola émeut l'opinion publique en publiant un réquisitoire passionné contre l'état-major et les juges militaires (cf. texte 44). Zola est condamné pour diffamation.
- Les «Dreyfusards» (radicaux, socialistes, protestants, francs-maçons) demandent la révision du procès. Les «Anti-Dreyfusards» (nationalistes, monarchistes, catholiques, antisémites) s'y opposent.
- En août 1898, l'affaire rebondit après la découverte d'un faux document fabriqué par les adversaires de Dreyfus dans le dessein de le faire condamner.
- Le 3 juin 1899, le jugement prononcé en 1894 contre Dreyfus est cassé. L'affaire est renvoyée devant le conseil de guerre de Rennes.
- Dreyfus est de nouveau reconnu coupable, mais avec circonstances atténuantes, et condamné à dix ans de détention. Le président de la République le gracie en raison de sa santé compromise.
- En juillet 1906, la cour de cassation réhabilite Dreyfus.

d) *L'exposé oral*

L'élève se gardera bien de lire tel quel le texte préparé: il aurait vite fait d'ennuyer ses camarades. Pour capter leur attention, il aura intérêt à se servir uniquement de quelques notes ou, mieux encore, de la liste des mots clés figurant au tableau. L'exposé n'en sera que plus spontané et plus vivant, plus ouvert aussi à la communication puisque les auditeurs pourront demander immédiatement des précisions.

En guise d'introduction ou encore de conclusion, il serait possible de relever un trait toujours actuel de l'affaire qu'est la division de l'opinion publique entre la «droite» et la «gauche», phénomène qui s'opère régulièrement en temps de crise.

7. Quels étaient les mobiles des Résistants de continuer la lutte contre l'Allemagne?

D'abord spontanée et inorganisée, la Résistance se réalise, dès 1942, sur le plan national. L'unité des nombreux mouvements différents qui la constituent, se fait pour des raisons tactiques et stratégiques: il faut, par des actes de sabotage concertés, affaiblir l'armée d'occupation, avant de la chasser avec l'aide des Alliés. Sur le plan idéologique, les divergences sont considérables. Il faut distinguer
- les résistants communistes qui engagent la lutte contre l'agresseur de l'Union soviétique, «patrie des travailleurs»,

- les résistants de la gauche non communiste qui espèrent profiter de la libération pour mettre en pratique un programme économique et social progressiste,
- les résistants de la «droite» classique hostile à la «collaboration» tels que quelques cadres de l'armée de métier qui n'acceptent pas la défaite,
- les résistants qui, à partir de 1942, se recrutent parmi les jeunes gens menacés de devoir travailler en Allemagne dans le cadre du «Service de travail obligatoire», et qui préfèrent alors prendre le maquis,
- les «résistants» attentistes qui s'engagent au dernier moment pour échapper aux règlements de compte ou bien pour profiter eux-mêmes du bouleversement politique et social qui s'annonce.

L'image type du combattant pur et noble qui, pour des motifs idéalistes, lutte contre un régime oppressif et inhumain en défiant la torture et la mort, ne représente sûrement qu'une minorité des résistants. La France officielle a néanmoins raison de le mettre en honneur, depuis la libération, ne serait-ce que pour propager une conception d'héroïsme moderne opposé au cliché vieilli du héros «de métier» qu'est l'habile organisateur de boucheries «héroïques» du passé et du présent.

II. Connaissance du vocabulaire

1. **Expliquez le sens des mots suivants:**
la volonté générale (texte 39)
avoir bien mérité de la France (texte 40)
le Code civil (texte 41)
le Concordat (texte 41)
le déluge (texte 43)
un conseil de guerre (texte 44)
saisir la justice (texte 44)
clérical (44)

Cf. le manuel («Le vocabulaire et les expressions» des textes indiqués).

la rancune (texte 44): le ressentiment qu'on garde d'une situation pénible et l'hostilité qu'on éprouve à l'égard de la personne responsable de cette situation.

2. **Complétez par le mot convenable («aider» et synonymes).**
- Les religieuses ont *assisté* de leur charité le vieillard malade.
- Monsieur Durand a *soutenu* de son argent ses vieux parents.
- Je l'ai pris par la main pour l'*aider* à franchir les passages difficiles.
- Monsieur Dupont a *épaulé* son ami auprès du ministre.
- Il faut *secourir* ceux qui se trouvent dans un danger.
- Le beau temps *favorise* la construction de la nouvelle maison.
- Quand j'ai réparé mon vélo, Charles m'a *donné un coup de main*.

III. Connaissance de la grammaire

Le subjonctif comme servitude grammaticale. Mettez le verbe entre parenthèses à la forme convenable.
1. Danton exige que ceux qui refusent de servir la patrie (être) *soient* punis de mort.
2. Napoléon voulut que l'ordre (rentrer) *rentre/rentrât* en France.
3. Zola veut qu'on le (traduire) *traduise* en cour d'assises.
4. Les Résistants souhaitaient que la France (continuer) *continue/continuât* la guerre aux côtés de l'Angleterre.

IV. ASPECTS DE LA VIE FRANÇAISE CONTEMPORAINE

LA VIE POLITIQUE

Textes 47−52

I. Connaissance de la matière

1. Quelles sont les principales institutions de la Ve République?

Le pouvoir exécutif incombe
- au Président de la République, élu pour sept ans au suffrage universel, et
- au gouvernement dirigé par le Premier Ministre.

Le pouvoir législatif est assuré
- par le parlement qui se compose
   a) de l'Assemblée nationale, élue pour cinq ans, et
   b) du Sénat, élu pour neuf ans.

Le pouvoir judiciaire, du moins en ce qui concerne la juridiction politique, revient
- au Conseil Constitutionnel dont les neuf membres sont désignés − un tiers par le Président de la République et deux tiers par les présidents de l'Assemblée nationale et du Sénat − pour neuf ans,
- à la Haute Cour de Justice composée de douze députés et de douze sénateurs élus par leurs assemblées.

Relevons encore
- le Conseil économique et social dont les 205 membres − les deux tiers en sont désignés par les organisations socio-professionnelles et un tiers par le gouvernement − constituent un organe purement consultatif;
- le Conseil d'Etat dont les 166 membres sont nommés par le gouvernement. Il sert de conseil administratif et juridique au gouvernement et forme aussi l'instance suprême de la juridiction administrative;
- le Conseil supérieur de la Magistrature. Ses neuf membres, désignés par le Président de la République, donnent leurs avis sur la nomination des magistrats.

2. Quelles sont les fonctions du Président de la République?

La constitution de 1958, conçue essentiellement par − et pour − le général de Gaulle, donne des pouvoirs importants au Président de la République.
Irresponsable politiquement et inviolable juridiquement, le Président ne peut pas être renversé. Il a d'abord les pouvoirs classiques de tout chef d'Etat: il est le représentant officiel de la République, il négocie et signe les traités au nom de la France; il accrédite les ambassadeurs; il promulgue les lois; il peut aussi gracier les condamnés.
Sa position en face du gouvernement et du parlement est également très forte. Il nomme le Premier Ministre de même que les autres membres du gouvernement, et il préside le conseil des ministres. Il peut convoquer les Assemblées, leur adresser des messages écrits et demander une seconde délibération sur une loi. Ses actes ne doivent pas être contresignés par le chef du gouvernement. Il a même le droit de recourir directement au référendum populaire pour faire passer d'importants projets de loi portant sur la politique intérieure ou les traités internationaux. Il peut enfin dissoudre l'Assemblée nationale après un an de législature.
En période exceptionnelle définie par l'article 16 de la Constitution, c'est-à-dire dans le cas où
- d'une part, les institutions de la République, l'indépendance de la Nation, l'intégrité de son territoire ou ses engagements internationaux sont menacés d'une manière grave et immédiate, et,
- d'autre part, le fonctionnement régulier des pouvoirs publics constitutionnels risque d'être interrompu,

le Président peut prendre «les mesures exigées par les circonstances», mais il ne peut plus dissoudre l'Assemblée nationale ni modifier la Constitution. La Constitution écarte ainsi le danger qu'une dictature constitutionnelle temporaire ne se transforme en dictature définitive.

N'oublions pas, dans ce contexte, que le Président de la République est aussi le chef des armées et qu'il préside les conseils et comités de défense.

3. Quels sont les principaux partis politiques sous la Ve République?

Le parti communiste, créé en 1920, représente depuis la libération à peu près 20% des électeurs français. D'obédience strictement marxiste, il est solidement ancré dans la classe ouvrière. Ses militants organisent des cellules de base dans les usines et les ateliers et collaborent étroitement avec la C. G. T. (Confédération Générale du Travail), l'organisation syndicale la plus puissante.

Le parti socialiste, créé en 1905, parti de masses comme le P. C., représente à peu près 15% du corps électoral. Parti de gouvernement durant la IVe République, le P. S. a été rejeté dans l'opposition par l'avènement des Gaullistes. Depuis il a redéfini son idéologie sans toutefois vouloir ressusciter tout l'élan révolutionnaire de ses origines. Pour combattre plus efficacement la majorité gaulliste, il a élaboré, avant les élections législatives de 1973, un programme commun avec le parti communiste, manifeste signé aussi par

les radicaux de gauche, petit groupement politique issu d'une rupture avec le parti radical dont ils condamnent les tendances réactionnaires. En 1973, ils ont conclu une alliance électorale avec les socialistes.

Le parti socialiste unifié (P.S.U.), petit parti révolutionnaire qui, sur la gauche du P.C., cherche à regrouper ouvriers et intellectuels marxistes dégoûtés du communisme centralisateur et bureaucratique du type soviétique.

Le *mouvement réformateur* (parti radical, centre démocrate, centre républicain) qui est parti en 1973 pour devenir une «troisième force» de poids entre la gauche et les Gaullistes, a été largement éconduit par les électeurs. Le petit groupe parlementaire que forment les quelque trente députés réformateurs est obligé de pratiquer un jeu de bascule entre l'opposition de gauche et la majorité. Puisque la tendance à la bi-polarisation va s'accentuant en France, le mouvement réformateur ne sera guère capable de réaliser les points essentiels de son programme exigeant un système productiviste «à visage humain» à l'échelon européen et, partant, une meilleure qualité de vie pour tous à l'époque «post-industrielle».
(Litt.: Jean-Jacques Servan-Schreiber, «Le manifeste radical»).

Le parti gaulliste (U.D.R. ex-U.N.R.), créé en 1958 pour soutenir l'action politique du général de Gaulle, principal parti de la coalition gouvernementale, sorti vainqueur écrasant des «élections de la peur» de 1968, a subi depuis l'usure du pouvoir, surtout après la disparition du général de Gaulle, catalyseur irremplaçable du mouvement». Grâce à un mode de scrutin qui leur est favorable — une représentation strictement proportionnelle sur le plan national avantagerait l'union de la gauche —, les Gaullistes se sont assuré encore une fois la majorité lors des élections de 1973. Leur programme gouvernemental, présenté à Provins en janvier 1973, est un plan social destiné surtout à contrer le programme commun de la gauche communiste et socialiste. Le parti hésite cependant à se définir dans une charte doctrinale du gaullisme dont l'éventuelle publication pourrait remettre en jeu la cohésion de la majorité en indisposant notamment

les Républicains Indépendants qui, en suivant l'exemple de l'homme fort de leur parti, M. Giscard d'Estaing, ministre de l'Economie et des Finances jusqu'en mai 1974, puis Président de la République, continuent d'exprimer leurs idées politiques propres, surtout quand il s'agit de défendre l'esprit libéral dans tous les domaines. Ils sont aidés en cela par la troisième formation de la majorité,

le Centre Démocratie et Progrès, petit part issu d'une scission d'avec les centristes de tendance réformatrice.

4. Quel est le rôle du Conseil constitutionnel?

D'après la constitution de 1958, le Conseil constitutionnel
- veille à la régularité de l'élection du Président de la République,
- statue, en cas de contestation, sur la régularité de l'élection des députés et des sénateurs,
- veille à la régularité des opérations de référendum et en proclame les résultats,
- se prononce sur la conformité à la Constitution des lois et des règlements des assemblées parlementaires.

Le Conseil constitutionnel veille donc à ce que le gouvernement et les assemblées respectent la Constitution. Il tranche les conflits qui opposent ces institutions et il donne des avis au Président de la République si les circonstances l'exigent.

5. Qu'est-ce qu'on entend par «Territoires d'Outre-Mer»?

Il ne faut pas confondre ces territoires avec l'ancien «Empire français» qui jusqu'à la deuxième guerre mondiale regroupe, surtout en Afrique et en Asie, 12 millions de km^2 avec 70 millions d'habitants. Respectant le désir d'indépendance des populations autochtones, la France crée, en 1946, l'«Union française»: quelques-unes des colonies sont transformées en «départements d'outre-mer», les autres adoptent le statut de «Territoires d'Outre-Mer» qui leur garantit une certaine autonomie.

Le préambule de la constitution de 1958 prévoit la création d'une «Communauté» qui voit le jour la même année. Elle donne aux «Territoires d'Outre-Mer» le droit de devenir «département», de rester «territoire», de devenir «Etat membre de la Communauté» ou bien d'en sortir.

Presque tous choisissent d'ailleurs cette dernière solution, de sorte que, de nos jours, il ne reste plus grand-chose de l'ancien Empire français: quatre «départements d'outre-mer» (Guadeloupe, Guyane, Martinique, Réunion) et quelques «territoires d'outre-mer», tels que La Polynésie française, la Nouvelle-Calédonie, les îles Wallis, les Comores, le Territoire des Afars et des Issas et Saint-Pierre-et-Miquelon.

Politiquement indépendantes, les anciennes colonies françaises continuent de coordonner, dans la plupart des cas, leur politique financière avec celle de la France. Dans le cadre de la «zone franc», les échanges se font grâce à la monnaie française dans le sens d'un régime préférentiel réciproque.

6. Qu'est-ce qui distingue le Premier Ministre français du Chancelier fédéral allemand?

Les pouvoirs du chancelier sont comparables à ceux du Président du Conseil de la IVe République, mais sa position est bien plus forte que celle du Premier Ministre sous la Ve. D'après la constitution de la République fédérale, le chancelier arrête les directives de la politique et il en assume la responsabilité. Il est le leader incontesté de la majorité parlementaire et, en arbitrant les divergences entre les ministres, il détient l'essentiel du pouvoir exécutif. Pour assurer la stabilité gouvernementale, la Loi fondamentale n'admet pas qu'une manifestation quelconque de méfiance parlementaire puisse renverser le gouvernement, comme cela a été souvent le cas sous la République de Weimar. Il est vrai que la diète fédérale peut exprimer sa défiance envers le chancelier par le «vote de défiance constructif», mais, en réalité, il est très difficile à l'opposition de réunir une majorité absolue pour élire un successeur. La «Kanzlerdemokratie» de type allemand s'oppose donc nettement au «régime présidentiel» de la Ve République.

Aux termes de la Constitution, le Premier Ministre dirige l'action du gouvernement. Il est responsable de la défense nationale, il est chargé de l'ensemble de l'exécution des lois et des décisions politiques, et il assure la direction générale de l'administration du pays.

En fait, c'est le Président de la République qui exerce la direction d'ensemble en employant le gouvernement comme un organisme de préparation et d'exécution. Le chef de l'Etat nomme le Premier Ministre et il met aussi fin à ses fonctions. Celui-ci ne détermine pas la politique, il a pour principale mission de soutenir les idées et les actions du Président.

La position du chef du gouvernement est d'autant plus délicate qu'il doit avoir aussi la confiance du parlement et répondre devant lui de l'ensemble de la politique menée par le pouvoir gouvernemental. Il peut donc de ce fait être obligé de démissionner lors d'une action gouvernementale dont il n'est même pas l'initiateur.

7. La Ve République date de 1958. Quelles étaient les Républiques qui lui précédaient?

- La première République est proclamée le 21 septembre 1792. Elle est remplacée par l'Empire le 28 mai 1804.
- La deuxième République est établie le 25 février 1848 après l'abdication du roi Louis-Philippe. Le 1er décembre 1852, elle fait place au Second Empire.
- La troisième République est proclamée en 1870, après la défaite de Sedan. Après une autre défaite de la France, celle de 1940, c'est l'«Etat Français» de Philippe Pétain qui lui succède.

– La quatrième République voit le jour au moment de la libération en juin 1944. A bout de souffle en 1958, le moment le plus aigu de la crise algérienne, elle est remplacée par la Ve République le 28 septembre 1958, date du référendum constituant.

8. Quelle est l'opinion du général de Gaulle sur le rôle du Chef de l'Etat?

Cf. texte 48.

En lisant ce texte on comprend aisément que la constitution de 1958 est l'œuvre personnelle du général de Gaulle. Les fonctions du Président de la République qu'énumère le document officiel, se trouvent déjà indiquées pour l'essentiel dans cet extrait des «Mémoires». Pour de Gaulle, le Président de la République doit être l'homme fort de la nation, non seulement son représentant, mais surtout son guide spirituel et le détenteur des pouvoirs essentiels que la République peut attribuer. C'est ainsi que de Gaulle réclame
– l'indépendance de l'exécutif du corps législatif,
– le droit de recourir directement – c'est-à-dire, par-dessus partis et assemblées – au suffrage universel,
– le droit de nommer les membres du gouvernement,
– le droit de transformer, en période exceptionnelle, la présidence en dictature constitutionnelle temporaire.

9. Pourquoi Raymond Aron parle-t-il du «régime d'un parti hégémonique»?

Le parti gaulliste remporte en 1968 une victoire écrasante lors des élections législatives. Avec 294 sièges, sur un total de 486, il pourrait même se passer du soutien des 64 députés des «Républicains indépendants» pour former le gouvernement et occuper les postes clés des commissions. La constitution de 1958 précise que «les partis et groupements politiques concourent à l'expression du suffrage», mais la constellation exceptionnelle de juin 1968 réduit cette concurrence à un jeu parlementaire qui se fait, pour la forme, entre une formation géante d'apparence homogène et une faible opposition divisée.

De Gaulle Président de la République, les plus fidèles de ses «barons» membres d'un gouvernement «contrôlé» par une assemblée essentiellement gaulliste, un peuple apparemment docile, soulagé après le cauchemar de mai 1968: voilà qui paraît garantir pour longtemps l'hégémonie du parti gouvernemental et l'efficacité de sa politique.

Mais Aron attire aussi l'attention sur l'instabilité foncière du jeu politique, et les événements lui donnent raison: en 1969, à l'occasion d'un référendum, l'opposition, moins désunie qu'on ne le croit, inflige une défaite au chef de l'Etat. De Gaulle, déçu, se retire; et son départ met à rude épreuve la cohésion du parti gouvernemental. Lors des élections législatives de 1973, les Gaullistes perdent beaucoup de terrain et ne conservent la majorité parlementaire grâce à un mode de scrutin complaisant. Nul ne sait si le déclin du parti autrefois «hégémonique» s'arrêtera là. D'après des sondages effectués en 1973, la plupart de Français misent plutôt sur l'avenir de la gauche. Raymond Aron se garderait sans doute bien aujourd'hui de réaffirmer sa thèse.

Quel sera l'avenir du parti gaulliste? Il est permis de se poser cette question face aux regroupements politiques qui s'effectuent en France après la disparition du Président Pompidou (2 avril 1974).

Chaban-Delmas, le candidat U.D.R. aux élections présidentielles, est sévèrement battu dès le premier tour du scrutin (5 mai 1974: Mitterrand: 43%, Giscard d'Estaing: 33%, Chaban-Delmas: 15%). L'électorat gaulliste reporte alors en grande partie ses voix sur Giscard, homme politique de tendance libérale et artisan d'une «majorité élargie» qui, lors du deuxième tour, l'emporte d'une courte tête sur Mitterrand, le candidat unique de la gauche (19 mai 1974: Giscard d'Estaing: 50,7%, Mitterrand: 49,3%).

Quelle sera la politique du nouveau Président de la République? Conscient de la poussée vigoureuse de la gauche qui représente à peu près un Français sur deux, Giscard promet dès le soir de sa victoire d'être l'homme du «changement économique, politique et social».

La «continuité» gaulliste est donc sérieusement compromise.

10. Résumez les explications des événements de mai 1968 que donnent
   – Roger Garaudy,
   – Raymond Marcellin.

Pour M. Marcellin, ministre de l'Intérieur jusqu'en 1974, donc responsable des «forces de répression» (Garaudy), l'affaire est vite classée: Les événements de mai 1968 sont déclenchés par d'obscurs fanatiques, par quelques groupements «révolutionnaires d'inspiration trotzkyste, castriste ou maoïste» qui cherchent à s'emparer du pouvoir. Ces «ennemis de la démocratie» compensent l'indigence numérique de leurs effectifs et la pauvreté de leur idéologie par la violence de leurs actions. Leur principal objectif est de «porter un mauvais coup à la France». Heureusement que «les éléments sains de la nation», quelque peu surpris en mai, se reprennent en juin et redressent la situation en votant massivement gaulliste.

Bien sûr, Marcellin n'est pas dupe de ce manichéisme simpliste. Habile technicien du pouvoir, il s'en sert quand même pour imposer aux masses l'interprétation la plus flatteuse pour son parti.

Garaudy, lui, insiste sur le mouvement de masse que sont les événements de mai 1968. La triple crise – politique, sociale, historique – dresse la nation contre le gouvernement et «l'ordre social périmé» qu'il représente. La «transformation politique fondamentale» correspond donc à «la volonté et l'intelligence humaines» et non exclusivement au seul désir d'un groupe social isolé.

Evidemment, l'analyse que donne Garaudy de la «crise de civilisation» que traverse la France en 1968, se place à un niveau d'abstraction tel qu'il est difficilement imaginable que toutes les couches de la population, intellectuels et travailleurs, paysans et employés, fonctionnaires et artisans, se sentent également concernés par la révolte. Ce n'est pas par hasard que les étudiants n'arrivent pas à faire comprendre aux ouvriers la nécessité d'une «participation créatrice croissante» et que le parti communiste fasse tout pour empêcher justement ce dialogue. Et comment alors expliquer le raz-de-marée gaulliste lors des élections en juin?

Une interprétation objective des «événements» de mai 1968 devrait sans doute se placer à mi-chemin entre les positions opposées de Marcellin et de Garaudy. L'explosion de mai 1968 n'est pas l'œuvre de quelques révolutionnaires de métier, comme le Ministre de la Police fait semblant de croire pour justifier les mesures répressives; mais la crise ne résulte pas non plus d'un soulèvement populaire spontané ayant pour objectif de remplacer le régime des «grands monopoles capitalistes» par un «modèle nouveau de socialisme», comme le théoricien marxiste l'explique.

11. Expliquez pourquoi Giscard d'Estaing, lors de son entrée en fonctions, croit pouvoir (ou est obligé à) parler d'une «ère nouvelle de la politique française».

Parler d'une «ère nouvelle» est le réflexe classique de l'homme politique qui prend le pouvoir. Giscard obéit à la règle, mais il a aussi des raisons objectives pour le faire.

Tacticien habile, il se pose, dès le premier tour des présidentielles, en candidat de la «continuité» et du «changement». C'est ainsi qu'il se débarrasse sans peine de son concurrent gaulliste auquel il ravit une bonne partie de l'électorat conservateur. Puis, averti à temps par «l'immense rumeur du peuple français» plus ou moins mécontent du statu quo politique et social, il met en vedette le côté «changement» de son programme pour barrer la route à son concurrent socialiste, candidat du «bouleversement». Mitterrand échoue de très près, et Giscard ne tarde pas à tirer la leçon de sa courte victoire: l'«ère nouvelle» sera un «après-gaullisme» libéral, ouvert aux réformes sociales, dominé par le centre, mais qui ne survivra qu'au cas où il arrivera à détacher, de leurs formations traditionnelles, d'importants groupements de la gauche et de la droite classiques.

Ajoutons qu'après quelques mois d'expérience giscardienne, l'«ère nouvelle» a du mal à se décanter. Le «changement» n'est apparent que dans le style du gouvernement. Pour ce qui est des problèmes politiques et sociaux essentiels, Giscard n'arrive pas à se démarquer nettement de son prédécesseur. Provisoirement assuré du soutien plus ou moins spontané des Gaullistes, il doit affronter, sur le plan social, une gauche consciente de sa force et convaincue de sa victoire inévitable. Les impasses de la politique étrangère et la crise économique internationale ne contribuent pas à stabiliser la position du président. L'«ère nouvelle» ne sera peut-être que l'époque des réformes avortées.

II. Connaissance des méthodes

1. Présentez oralement la pyramide d'âges de la population française.

Cf. la documentation du chapitre consacré à «la population» (p. 23).

L'élève chargé de ce devoir expliquera d'abord le système du graphique:
- la moitié gauche montre l'évolution de la population masculine;
- la moitié droite montre l'évolution de la population féminine;
- l'abscisse représente le nombre de la population en milliers;
- l'ordonnée indique l'année de naissance et l'âge des générations annuelles.

Il procédera ensuite à l'interprétation du diagramme:
- la pyramide est large à sa base; la menace de dépeuplement a donc disparu;
- les longues échancrures marquent le déficit des naissances pendant et après les deux guerres mondiales;
- l'asymétrie de la partie supérieure indique, du côté des hommes, les pertes considérables de la guerre 1914–1918;
- une stagnation démographique, due à la baisse de la natalité, est caractéristique de l'entre-deux-guerres;
- la répartition par âges de la population marque la proportion relativement faible de la «population active» (20 à 60 ans) par rapport aux «vieux» et aux «jeunes». Mais comme la France actuelle est, biologiquement parlant, assez «jeune», en tout cas beaucoup plus «jeune» que l'Allemagne fédérale où, depuis quelques années, le taux de mortalité dépasse le chiffre des naissances, les adultes actifs seront de plus en plus déchargés par les générations montantes.

2. Présentez par un graphique l'évolution de la population du Paris municipal depuis 1801.

Cf. la documentation du chapitre consacré à Paris (p. 69).

On dessine, sur une feuille grand format de papier millimétré, un système de coordonnées. L'abscisse marque les années, un centimètre indiquant une décennie. L'ordonnée marque la population, un centimètre indiquant 100 000 habitants. Les chiffres, assez rares et irréguliers pour le XIXe siècle, assez réguliers pour le XXe siècle, permettent de tracer une courbe qui montre la croissance explosive du Paris municipal au XIXe siècle, la stagnation relative du mouvement au début du XXe siècle et le recul assez sensible des dernières décennies.

III. Connaissance du vocabulaire

1. Expliquez le sens des mots suivants:

le référendum (texte 47): vote de l'ensemble des citoyens pour approuver ou rejeter une mesure proposée par le pouvoir exécutif.

laïque (texte 47): cf. le manuel: Notes.

l'arbitrage (texte 47): ibid.

la dissolution de l'Assemblée nationale (texte 47): action qui met légalement fin aux fonctions de l'Assemblée nationale.

une constitution pluraliste (texte 49): type de constitution qui admet la concurrence de conceptions politiques différentes. Cf. la constitution de 1958: «Les partis et groupements politiques concourent à l'expression du suffrage. Ils se forment et exercent leurs activités librement.»

la grève générale (texte 50): cf. le manuel: Le vocabulaire et les expressions.

la vedette (texte 50): ibid.

2. Complétez les phrases par un mot convenable choisi dans la liste suivante: voter, la majorité, recourir, incompatible, provenir, désigner.
- Le Président de la République peut *recourir* au référendum.
- L'Assemblée nationale et le Sénat *votent* le budget et les lois.
- Les fonctions de membre du gouvernement sont *incompatibles* avec l'exercice de tout mandat parlementaire.

- Le Chef de l'Etat ne doit pas *provenir* d'un parti, il doit être *désigné* par le peuple.
- Un changement de gouvernement ou de régime n'est possible que si *la majorité* des Français vote pour le Front populaire.

L'ÉCONOMIE FRANÇAISE

Textes 53 – 57

I. Connaissance de la matière

1. Quels facteurs ont contribué à changer la structure de l'économie française depuis la dernière guerre?

L'importance du secteur nationalisé
Le premier gouvernement de la IVe République procède à d'importantes nationalisations portant sur les grandes banques (Société Générale; Crédit Lyonnais; Comptoir National d'Escompte; B.N.C.I.), les houillères, le gaz, l'électricité, de même que sur une partie de l'industrie aéronautique et automobile. C'est ainsi que les usines Renault, transformées en régie nationale, deviennent la plus importante entreprise française de constructions automobiles. En mettant la main sur ces secteurs clés de la production et en les transformant en secteurs pilotes, l'Etat oriente l'économie nationale.

La politique d'investissement
Par l'intermédiaire du Crédit National et du Fonds de Modernisation et d'Equipement, l'Etat soutient, tout de suite après la libération, les industries de base, puis les industries de transformation. L'effort de reconstruction et de modernisation accompli, le secteur privé recourt de plus en plus à l'autofinancement en puisant dans l'épargne privée, mais les investissements publics continuent de stimuler et de diriger la croissance.

Les activités du Commissariat au Plan
Ce commissariat élabore les plans de l'évolution économique des trois ou quatre ans à venir. Il prévoit les taux d'expansion, il indique les priorités en favorisant l'équipement collectif et il applique ses moyens de pression (subventions, crédits, fiscalité, fixation des prix de l'énergie et des transports, achats) pour obliger le secteur privé à respecter les objectifs de la planification.

Les efforts de décentralisation industrielle
La politique d'aménagement du territoire veut rééquilibrer la géographie de l'économie nationale. En réanimant les régions sous-équipées qui préfèrent exporter des marchandises plutôt que des hommes, en créant des emplois et en élevant ainsi le niveau de vie des populations régionales, les industries qui s'installent en province, servent l'expansion économique du pays entier.

Le rôle du capitalisme
L'influence qu'exerce la gauche politique sur les décisions des gouvernements de la IVe et de la Ve République est bien trop faible pour freiner le capitalisme privé, le moteur le plus puissant de la croissance. La hausse constante des valeurs mobilières cotées à la Bourse de Paris permet aux entreprises d'augmenter leur capital pour se rapprocher de l'automation et accroître la productivité. La concentration qui s'opère dans la sidérurgie (Usinor, Sidélor, etc.), dans l'industrie automobile (Ford-Simca; Citroën-Panhard, etc.) et ailleurs, favorise, elle aussi, l'expansion.

La concurrence avec les autres pays membres du Marché Commun
Pour rester compétitives sur le plan européen, les entreprises françaises sont obligées de s'engager dans le jeu de la libre concurrence. Beaucoup d'entre elles (chimie, plastiques, automobiles) réussissent ce pari grâce à un équipement moderne et à la qualité soigneusement surveillée de leurs produits.

2. **Décrivez et commentez l'évolution de la population française – population urbaine et population rurale – depuis 1946.**

Cf. la documentation: statistiques, cartes, graphiques.

Comme dans tous les pays industrialisés, la population urbaine de la France est supérieure en nombre à la population rurale. En 1973, 36 millions de Français (= 70%) sont citadins, 15 millions (= 30%) seulement vivent dans des communes rurales. En 1860, la proportion est encore inverse, mais depuis, la croissance urbaine et l'exode rural progressent constamment. En 1928, le nombre des citadins dépasse celui des ruraux. Jusqu'à la fin de la guerre 1939 – 1945, le dépeuplement des campagnes s'accentue encore; mais les villes ne progressent pas beaucoup, de façon qu'au moment de la libération la situation est à peu près équilibrée (plus de 21 millions de citadins, à peu près 19 millions de ruraux). Mais la croissance urbaine reprend à un rythme plus rapide en 1946, et à partir de 1956 (25 millions de citadins) le mouvement s'accélère encore.

Ce phénomène a des causes économiques. L'industrie qui se développe rapidement, engage une main-d'œuvre de plus en plus nombreuse. L'artisanat rural qui n'arrive plus à concurrencer l'industrie, disparaît de plus en plus; ses effectifs renforcent les ouvriers des centres industriels. La mécanisation agricole prive de travail une grande partie des ouvriers agricoles. Eux aussi se font embaucher par les grandes entreprises, d'autant plus que, dans les villes, ils trouvent de meilleures conditions de travail et de logement et un salaire généralement plus élevé.

3. **Dans quels secteurs de l'économie la France est-elle**
   - **supérieure,**
   - **égale,**
   - **inférieure**
   à l'Allemagne?

La France domine dans
quelques secteurs de *l'industrie alimentaire:*
- la production de blé:
  France: 37 millions de tonnes en 1971
  RFA: 21 millions de tonnes en 1971
- la production de lait:
  France: 33 millions de tonnes en 1971
  RFA: 21 millions de tonnes en 1971
- la production de sucre:
  France: 3,6 millions de tonnes en 1971
  RFA: 2,1 millions de tonnes en 1971
- la pêche:
  France: 750 000 tonnes en 1971
  RFA: 500 000 tonnes en 1971

quelques secteurs de *l'industrie textile:*
- la production de laine:
  France: 152 000 tonnes en 1971
  RFA: 85 000 tonnes en 1971
- la production de coton à coudre:
  France: 257 000 tonnes en 1971
  RFA: 221 000 tonnes en 1971

la production de minerai de fer:
France: 17,2 millions de tonnes en 1971
RFA: 1,8 millions de tonnes en 1971

la production de bois:
France: 35,1 millions de mètres cube en 1971
RFA: 28,2 millions de mètres cube en 1971.

Il y a à peu près égalité des deux productions nationales dans quelques secteurs de *l'industrie chimique:*
- la production de soude:
  France: 1,4 millions de tonnes en 1972
  RFA: 1,4 millions de tonnes en 1972
- la production d'acide sulfurique:
  France: 5   millions de tonnes en 1972
  RFA: 4,7 millions de tonnes en 1972
- la production de caoutchouc synthétique:
  France: 370 000 tonnes en 1971
  RFA: 340 000 tonnes en 1971
- la production d'engrais azoté:
  France: 1,35 millions de tonnes en 1971
  RFA: 1,5   millions de tonnes en 1971

l'industrie pétrolière:
- la production d'essence:
  France: 13,5 millions de tonnes en 1971
  RFA: 14,5 millions de tonnes en 1971
- la production de fuel:
  France: 10,2 millions de tonnes en 1971
  RFA: 9,5 millions de tonnes en 1971
- la production de mazout:
  France: 63 millions de tonnes en 1971
  RFA: 63 millions de tonnes en 1971

la production de moyens de transport:
- la construction de camions:
  France: 340 000 unités en 1972
  RFA: 300 000 unités en 1972
- la construction de navires de commerce:
  France: 1,4 millions de tonneaux de jauge brut en 1972
  RFA: 1,5 millions de tonneaux de jauge brut en 1972.

L'Allemagne mène dans
quelques secteurs clés de *l'industrie de base:*
- la production de charbon:
  France: 30 millions de tonnes en 1972
  RFA: 102 millions de tonnes en 1972
- la production d'électricité:
  France: 160 milliards de kWh en 1972
  RFA: 275 milliards de kWh en 1972
- la production d'acier brut:
  France: 24 millions de tonnes en 1972
  RFA: 44 millions de tonnes en 1972
- la production de ciment:
  France: 30 millions de tonnes en 1971
  RFA: 43 millions de tonnes en 1971

la plupart des secteurs de *l'industrie de transformation.*
Exemples:
- la production de matières plastiques:
  France: 1,3 millions de tonnes en 1972
  RFA: 5,5 millions de tonnes en 1972
- la production de papier:
  France: 4,5 millions de tonnes en 1972
  RFA: 6,2 millions de tonnes en 1972

- la production de voitures de tourisme:
  France: 2,9 millions d'unités en 1972
  RFA: 3,5 millions d'unités en 1972
- la production de téléviseurs:
  France: 1,6 millions d'unités en 1972
  RFA: 3,1 millions d'unités en 1972
- la production de réfrigérateurs:
  France: 0,7 millions d'unités en 1972
  RFA: 2,6 millions d'unités en 1972

quelques secteurs de *l'industrie alimentaire:*
- la production de viande:
  France: 3,3 millions de tonnes en 1971
  RFA: 4   millions de tonnes en 1971
- la production de pommes de terre:
  France: 9 millions de tonnes en 1971
  RFA: 15 millions de tonnes en 1971.

SOURCE: Statistisches Bundesamt «Statistisches Jahrbuch 1973».

4. Dans quels secteurs l'industrie française a-t-elle fait les progrès les plus remarquables depuis 1945?

5. Quels secteurs de l'industrie sont en progression?

Citons par ordre d'accroissement (indice 100: 1960)
- les industries chimiques (indice de production en 1970: 259,4; taux moyen d'accroissement annuel: +9,5%),
- la production automobile (186,5; +6,4%),
- bâtiments et travaux publics (162,2; +5,2%),
- sidérurgie (139,4; +3,4%).

Dans quelques branches plus restreintes, comprises ou non dans les grands secteurs ci-dessus indiqués, la progression est encore plus remarquable.

C'est ainsi qu'entre 1938 et 1972
- la production d'aluminium est passée de 35 000 tonnes à 400 000 tonnes,
- la production de ciment est passée de 4 millions de tonnes à 30 millions de tonnes,
- les produits pétroliers (essences et fuels) sont passés de 4 millions de tonnes à plus de 85 millions de tonnes.

Les dirigeants de la Ve République et l'économie française, revenue du malthusianisme prudent de l'avant-guerre, misent sur la croissance. La France occupe actuellement le sixième rang des puissances industrielles mondiales, après les Etats-Unis, l'U.R.S.S., le Japon, l'Allemagne fédérale et le Royaume-Uni. Mais le taux d'accroissement de son économie dépasse, depuis 1960, ceux des économies britannique et allemande, et d'après de sérieux pronostics, la France est bien partie pour devenir la première puissance économique de l'Europe occidentale d'ici la fin du siècle.

Dans cette constellation, les secteurs principaux de l'industrie sont tenus de progresser, notamment la production d'énergie (pétrole, gaz naturel, électricité, énergie nucléaire), mais aussi les industries de base (sidérurgie, industrie de l'aluminium, industries chimiques minérales et organiques) et quelques industries de transformation (mécanique, construction électrique, bâtiment, industries alimentaires).

La crise énergétique qui éclate en 1973, montre cependant à quel point toutes les prévisions peuvent être remises en question par la conjoncture politique et économique mondiale. Egoïstement nationale, l'idéologie de la croissance à tout prix est d'ores et déjà dépassée par les événements.

6. Quels étaient les mobiles et les buts de la politique de nationalisations en 1945 et 1946?

Cf. texte 54

Depuis la deuxième guerre mondiale, l'Etat régit les secteurs de base (énergie et transports), certaines industries de transformation (Renault, Sud-Aviation, Potasse d'Alsace, Office National de l'Azote, etc.) de même qu'une partie des banques. Ces nationalisations qui, pour une large part, ne font que sanctionner les mécanismes de contrôle économique imposés par les décrets du maréchal Pétain et les ordonnances du général de Gaulle, sont réclamées aussi dans le programme de reconstruction de la Résistance: la gauche qui y est majoritaire, opte pour la socialisation des secteurs clés de la production. La nationalisation des usines Renault «punit» en quelque sorte la «collaboration», pendant l'occupation, de leurs dirigeants avec l'ennemi. Parti gouvernemental dans le premier gouvernement français de la Libération, le parti communiste ne tarde pas à s'installer dans l'opposition; son départ freine définitivement la politique de socialisation.

L'Etat se garde cependant de dissoudre le secteur nationalisé. Instrument précieux du dirigisme économique, il peut donner les impulsions souhaitées à l'économie entière, ceci sur les plans des investissements, de la production, des prix, des salaires et des réalisations sociales. La planification serait peu efficace, si elle ne pouvait pas s'appuyer sur un système habitué à réagir immédiatement à toutes les interventions de l'Etat.

7. En quoi le dirigisme à la française se distingue-t-il du dirigisme des pays communistes?

Dans un pays communiste, l'Etat est le propriétaire de tous les instruments de production. L'Etat est donc le seul patron de l'économie, et il la dirige par une planification rigoureuse. Les entreprises sont tenues de réaliser les programmes à cent pour cent dans le délai prévu. La qualité et le prix des produits sont imposés. La libre concurrence et le libre jeu de l'offre et de la demande n'existent pas; il n'y a donc pas d'économie de marché.

Mais il est intéressant de constater qu'en U.R.S.S. la centralisation excessive et la planification autoritaire sont en train de s'assouplir. Inspiré par le professeur Liberman, économiste réformateur, l'Etat crée des entreprises pilotes − industrielles et agricoles − qui, disposant d'une plus grande liberté d'action, visent le profit commercial tout en satisfaisant leurs clients et en respectant les directives générales du Plan.

Le dirigisme «à la française» est loin d'être aussi perfectionné. En France, l'industrie privée est largement prépondérante. Des secteurs aussi essentiels que la sidérurgie et la chimie lourde ne sont pas nationalisés, et la Régie Renault ne fournit que le tiers de la production automobile nationale. Les plans à long terme, «indicatifs» et non pas «autoritaires», cherchent à concilier l'intérêt national et la liberté individuelle de l'entreprise capitaliste. Il n'y a ni contraintes ni interdictions. Le Plan informe, prévoit, recommande un certain rythme de croissance et se sert essentiellement d'encouragements financiers (dégrèvements d'impôts, primes, crédits).

8. Quels sont les grands problèmes de l'agriculture française?

Cf. aussi «L'agriculture: Introduction».

9. Pourquoi les paysans ont-ils tendance à quitter leur ferme?

Cf. aussi le texte 56, surtout le premier passage.

L'agriculture française
- est un des secteurs les plus faibles de l'économie nationale. Elle emploie 15% de la population, mais elle ne fournit que 9% du revenu national. Sa productivité est donc modeste, et les revenus s'en ressentent;
- a un grand retard technique. Ses rendements moyens sont plus bas que ceux de la Hollande et de l'Allemagne, notamment dans la production du lait, des fruits et des légumes;
- souffre du nombre trop élevé des petites exploitations. Un quart seulement des exploitations agricoles ont plus de 50 hectares. Les propriétaires des petites fermes sont généralement incapables de fournir l'effort financier nécessaire à la modernisation de leur travail;
- souffre souvent d'un morcellement excessif des champs, ce qui rend difficile une mécanisation efficace;

– se voit frustrée d'une partie considérable de ses profits par une commercialisation parasitaire: une foule d'intermédiaires s'octroie des marges bénéficiaires démesurées;
– se voit toujours dans l'impossibilité de donner aux jeunes agriculteurs une instruction professionnelle suffisamment moderne pour adapter le savoir-faire du paysan français au niveau international;
– continuera, pour toutes ces raisons, d'être déficitaire. L'agriculture française est largement subventionnée par l'Etat et par le Marché Commun.

Une autre conséquence de cette situation est l'exode rural massif qui continue de réduire le secteur primaire. C'est ainsi qu'entre 1954 et 1973, deux millions de paysans quittent leur terre, notamment dans l'Ouest, le Centre et le Sud-Ouest. Ce mouvement s'explique par le fait que le niveau de vie des agriculteurs est inférieur à celui de la moyenne des Français. Malgré la mécanisation, le travail des paysans continue d'être dur, et puisqu'il s'agit dans la plupart des cas d'exploitations familiales, il serait illusoire de vouloir limiter la journée de travail à huit heures ou de penser à des congés payés. Les prix agricoles montent moins vite que ceux des produits industriels, et les revenus moyens des agriculteurs et des ouvriers traduisent ce décalage. La vétusté de l'habitat, la nécessité de s'endetter pour s'équiper, la difficulté qu'éprouvent les jeunes à trouver des fermes à louer – les terres sont souvent accaparées par des industriels et des commerçants –, le déclin de l'artisanat rural qui n'est plus compétitif, toutes ces raisons et d'autres encore se combinent pour pousser les paysans au départ.

10. Quel rôle l'agriculture française peut-elle jouer dans le Marché Commun?

La fixation de prix communs, la libre circulation des produits agricoles à l'intérieur des pays membres, surtout l'endiguement de la concurrence intercontinentale qui se heurte à des barrières douanières, font de l'agriculture française d'ores et déjà la grande gagnante du Marché Commun. Les régions intensément industrialisées de la Communauté sont déficitaires en produits agricoles, et la France est bien placée pour conquérir ce marché important, moins sans doute par sa productivité qui laisse encore à désirer, mais surtout par l'étendue de ses surfaces cultivées. Actuellement concurrencée par la Hollande pour la production de la viande, des œufs, des produits laitiers, des légumes, la France ne tardera pas à distancer cette principale rivale en augmentant, grâce aux techniques modernes, le rendement de son agriculture.

II. Connaissance du vocabulaire

1. Trouvez le mot qui correspond à la définition:
– **Les machines, l'outillage d'une usine ou d'un atelier:** *l'équipement.*
– **Réunion des actionnaires d'une société anonyme désignée pour gérer les affaires de la société:** *le conseil d'administration.*
– **Excès de la demande solvable sur l'offre évaluée en termes de coûts se traduisant par une hausse générale des prix:** *inflation.*
– **Loyer que le preneur d'une ferme paie au propriétaire:** *le fermage.*
– **Lieu où une industrie ou un pays peut vendre ses produits:** *le débouché.*

2. Remplacez les mots qui ne conviennent pas:
– «entreprises» pour «magasins»
– «taille» pour «figure»
– «démographique» pour «géographique»
– «subventions» pour «conventions»
– «ramassage» pour «rendement».

LA VIE SOCIALE

Textes 58 – 64

I. Connaissance de la matière

1. Quelles sont les deux principales classes sociales dans la France d'aujourd'hui? Qu'est-ce qui les caractérise?

Cf. l'introduction.

Il s'agit de
- la classe ouvrière et de
- la bourgeoisie.

La classe ouvrière
- englobe la masse des ouvriers d'usine et des employés des entreprises commerciales,
- est donc le groupe social le plus important, puisqu'il comporte presque la moitié de la population,
- subit des conditions de vie et de travail caractérisées par l'insécurité et la dépendance,
- cherche à les améliorer en s'engageant dans le combat social,
- développe, à cet égard, une solidarité de classe qui, aussi vague qu'elle paraisse, dépasse en efficacité politique celle des autres groupes sociaux.

La bourgeoisie
- est fort hétérogène sur le plan social, puisqu'elle regroupe aussi bien la classe dirigeante («grandes familles», chefs d'entreprise, cadres supérieurs) que les classes moyennes (cadres moyens, techniciens, commerçants, fonctionnaires, professions libérales),
- a des effectifs beaucoup plus faibles (le quart de la population) que la classe ouvrière,
- cherche à manifester sa supériorité par des habitudes et un comportement caractéristiques (type d'éducation, goûts esthétiques, prédilections politiques, religiosité, logement, vêtement, etc.),
- est traditionnellement attachée à la propriété privée et cherche à la garantir par l'épargne, ceci malgré l'expérience douloureuse des crises économiques qui, dans un passé encore récent, ont gravement atteint la substance matérielle des classes moyennes,
- cultive un individualisme libéral qui, proclamant que chacun est responsable de son destin, refuse toute action de solidarité de classe,
- est largement dominante sur le plan intellectuel. Retournant son esprit critique contre elle-même, elle pratique un jeu d'autodestruction idéologique qui, tout en faisant mine de saper ses bases, la confirme dans sa fonction de classe guide.

2. Quels sont les groupes socio-professionnels les plus importants?

Cf. aussi l'introduction.

Revenus modestes
Secteur primaire: les ouvriers agricoles
Secteur secondaire: les ouvriers, les manœuvres
Secteur tertiaire: le personnel de service.

Revenus moyens
Secteur primaire: les petits exploitants
Secteur secondaire: les ouvriers qualifiés, les artisans, les cadres moyens
Secteur tertiaire: les employés, les petits commerçants, les fonctionnaires, les professions libérales.

Revenus supérieurs
Secteur primaire: les grands exploitants
Secteur secondaire: les cadres supérieurs, les patrons
Secteur tertiaire: les cadres supérieurs, les patrons.

3. Caractérisez – les cadres,
– les commerçants.

On appelle «cadres» les employés supérieurs d'une entreprise. Ils dirigent et contrôlent le travail du personnel et en répondent devant la direction générale. Hautement spécialisés dans les domaines respectifs de leurs activités – administration, production, services techniques, financement, achats et ventes, service juridique – ils sont en même temps chefs et exécutants. Ils prennent des initiatives tout en respectant l'orientation générale fixée à l'échelon supérieur.

Pour ce qui est des techniciens et des «cadres moyens» de l'industrie et du commerce, il est parfois difficile de tracer la frontière entre leur statut social et celui des ouvriers. La transition est insensible entre le rôle d'un contremaître et celui d'un ingénieur, entre les fonctions d'un employé de bureau et celles d'un comptable.

La Confédération Générale des Cadres (C.G.C.), la représentation syndicale du personnel d'encadrement des entreprises, a donc du mal à définir ses adhérents. Fondée après la deuxième guerre mondiale pour faire face au socialisme égalitaire des grands syndicats et pour maintenir le classement traditionnel des salariés, la C.G.C. fait figure d'organisation discriminatoire aux yeux de la majorité des salariés. Ses membres ne sont donc guère capables de combler le fossé qui se creuse entre les détenteurs des capitaux et les ouvriers.

Les commerçants sont les intermédiaires professionnels des échanges de produits et de valeurs. Ils assurent le transport, la fourniture et la redistribution des marchandises et vivent de la marge bénéficiaire entre l'achat et la vente. Les conditions commerciales sont multiples. Grosso modo, on distingue le petit commerce qui, souvent, a du mal à nourrir son homme, et le grand négoce qui, au cours de son histoire mouvementée, produit tour à tour millionnaires et banqueroutiers. Son impulsion primitive est donc le goût du risque, sa loi fondamentale le jeu de la libre concurrence. Il est vrai que de puissantes corporations de marchands ont toujours essayé de contrôler la loi instable de l'offre et de la demande par des mécanismes de protection mutuelle et qu'elles ont demandé à l'Etat d'installer des barrières contre la concurrence étrangère. La révolution industrielle et l'aménagement des moyens de transport modernes qui rendent possibles la production et la consommation en masse, changent radicalement la physionomie du commerce et les conditions de vie du commerçant. La concentration commerciale qui, depuis la deuxième moitié du XIXe siècle jusqu'à nos jours, s'opère de plus en plus rapidement, décime les effectifs des commerçants indépendants. Souvent, ceux-ci se transforment en employés de magasins à succursales multiples ou en chefs de rayon d'un grand magasin. Dans leur cas, une sécurité relative l'emporte sur le risque calculé.

4. Pourquoi la bourgeoisie moyenne est-elle un modèle pour ceux qui veulent progresser dans la vie et dans la hiérarchie sociale?

Cf. textes 58 et 59.

Malgré la démocratisation apparente des systèmes scolaire et universitaire français, le fils ambitieux d'un paysan, d'un ouvrier ou d'un artisan se voit dans l'impossibilité pratique de pénétrer dans le monde clos de la classe dirigeante. Les sommets des hiérarchies politiques, économiques, administratives, militaires, spirituelles sont occupés par les membres d'un groupe social exclusif qui se recrute, d'une part, dans les «grandes familles», ceci en se passant de toute compétition, et, d'autre part, parmi les éléments les plus brillants des «grandes écoles» qui forment l'élite du pays à travers un impitoyable filtrage de concours.

Par contre, l'étudiant moyennement doué et moyennement courageux qui choisit la carrière de professeur, le jeune technicien qui espère obtenir, en se recyclant, le titre d'ingénieur, le jeune cadre qui se fait «pistonner» pour avoir une fonction mieux rémunérée, l'employé de commerce qui se sent l'étoffe d'un gérant de succursale, le mécanicien qui lorgne le départ du contremaître pour prendre sa place, toutes ces ambitions modestes sont animées par l'idée qu'on se fait de l'existence bourgeoise.

Le bourgeois type est censé jouir d'une sécurité économique assez confortable, d'une relative indépendance d'esprit qui le met à l'abri du fanatisme idéologique, de loisirs suffisants pour prendre des distances «créatrices» avec ses activités professionnelles qui, elles, sont loin d'être «aliénantes», finalement, d'un style de vie qui documente toutes ces qualités. «S'embourgeoiser» est donc synonyme de «réussir sa vie» en s'émancipant de la misère sociale, d'une part, et d'illusions trompeuses, d'autre part.

5. Décrivez l'organisation type d'un atelier.

Cf. texte 61: Documentation.

On entend par atelier d'abord la section d'une usine où des ouvriers travaillent à un même ouvrage, ensuite l'ensemble des ouvriers qui travaillent dans un atelier.

Techniquement, les fonctions des différents ateliers sont très variées; un équipement type n'existe donc pas. Il n'en est pas de même pour la structure du personnel qui, de façon générale, respecte une hiérarchie modèle de compétences et de responsabilités.

Le chef d'atelier, le plus souvent un ingénieur, fait partie du personnel d'encadrement de l'entreprise. Il répond du fonctionnement de son atelier; il coordonne ses activités avec celles des secteurs voisins; il engage sa responsabilité en prenant des décisions et en donnant des ordres visant la mise en pratique, dans son secteur, des directives générales.

Le contremaître qui remplace l'ingénieur en cas d'absence, répond du bon état de l'outillage; le chef d'équipe, lui, contrôle l'efficacité du travail des O.S. («ouvriers spécialisés»). Le contremaître et le chef d'équipe ont donc surtout des fonctions de surveillance.

Le premier ouvrier, lui aussi, est tenu de contrôler le travail de ses équipiers, mais il est en même temps leur porte-parole, à moins que cette charge ne soit remplie par un ouvrier syndiqué spécialisé dans ce genre de revendications.

Les O.S. dont le nombre dépasse rarement quarante par atelier, sont chargés du travail manuel. Ce ne sont pas des «spécialistes», mais des manœuvres qui répètent une petite série de gestes que leur dicte la machine. Le personnel est complété par quelques ouvriers professionnellement qualifiés comme des mécaniciens et des électriciens qui s'occupent surtout de l'entretien des machines, et parfois aussi par un comptable chargé du travail de bureau.

6. Décrivez l'attitude d'un «travailleur» et d'un «prolétaire» vis-à-vis de la question de la grève générale.

Cf. textes 62 et 63.

Ouvriers tous les deux, Jean est «professionnellement qualifié», Henri, lui, est «O.S.». Sont-ils les représentants types des catégories professionnelles auxquelles ils appartiennent? Rien n'est moins sûr. Mais il est peut-être permis de déduire, sans parti pris idéologique, en interprétant seulement leurs portraits littéraires, leurs comportements face au problème de la grève.

Jean aime le travail; il est même «drogué» par le travail. Mais c'est une obsession salutaire puisqu'il lui doit sa «petite carrière». Il est apparemment fier d'avoir distancé ses anciens copains qui, eux, «sont encore en H.L.M.» et qui «n'ont absolument rien». Conscient du succès social que lui procure le travail et désireux de stabiliser sa situation, il n'hésite pas à faire des heures supplémentaires, à même l'air de regretter qu'il n'y en a pas assez.

Une grève générale ne ferait pas son affaire. Il n'aimerait pas risquer une perte de gain, se passer de sa «drogue», ceci en raison de revendications sociales qui ne sont plus les siennes. Jean qui a adopté la mentalité bourgeoise et, avec elle, l'égoïsme social qui est à la base du succès économique individuel, se rangerait plutôt du côté des «briseurs de grève» que des grévistes.

Henri n'aime pas son travail. Quand il l'a bouclé pour la journée, il «pousse un soupir de soulagement», et il ne penserait pas à lui consacrer du temps supplémentaire, même si cela rapportait. Absolument dénué d'ambition sociale, indifférent à la «qualité» de sa vie, il habite, depuis des décennies, le même appartement dans un immeuble délabré. Il fait, depuis son enfance, le travail monotone et mal payé d'un O.S., et il n'a ni l'imagination ni, sans nul doute, les moyens de pousser ses fils vers une carrière plus intéressante. De temps en temps, l'alcool le libère provisoirement de sa torpeur existentielle («On croit qu'on est riche. On discute le coup, on remet ça, ça fait passer le temps, quoi.»), puis l'y repousse d'autant plus fortement («...j'ai envie de dégueuler. Pas à cause du pinard, à cause de tout...»).

Ce soi-disant «archétype du prolétaire» saluerait-il la grève comme un moyen de réaliser des «projets de réforme ou de révolution sociale» (Emilio Willems)? Est-ce qu'il a cette «conscience de classe qui fait qu'un individu ... appartient ou non au prolétariat» (le même)?

Tant s'en faut!

Tout heureux, bien sûr, d'être débarrassé du boulot idiot, il continuerait de se promener, de rêver, de «remettre ça» au bistro, quitte à essuyer les engueulades de «la bonne femme» qui, elle, déteste la grève, parce que la paie diminue. D'inspiration socratique plutôt que marxiste, Henri n'est pas encore mûr pour la révolution.

7. Nommez les confédérations syndicales des travailleurs les plus importantes et caractérisez leur tendance politique.

La Confédération Générale du Travail (C.G.T.) est d'obédience communiste. Son programme social est donc purement revendicatif. Elle continue de soutenir le principe marxiste de la lutte des classes contre les tendances réformistes des autres syndicats et appuie le P.C. dans son opposition contre le gouvernement gaulliste dont elle dénonce la collusion avec les milieux capitalistes.

La Confédération Française Démocratique du Travail (C.F.D.T., ex-C.F.T.C.) est issue d'une scission de l'ancienne C.F.T.C. En 1964, la majorité des membres de ce groupement se déleste d'une tradition étroitement chrétienne en adoptant un programme d'humanisme laïque. Bien que la C.F.D.T. entreprenne souvent des actions en commun avec la C.G.T., elle garde ses distances avec la théorie marxiste. Ses sympathies politiques vont plutôt au P.S.

La Confédération Française des Travailleurs Chrétiens (C.F.T.C. maintenue), le mouvement des traditionalistes de l'ancienne C.F.T.C., est de tendance réformiste. Préférant le principe réconciliateur de l'arbitrage obligatoire au combat social, elle déconseille la grève à ses effectifs. Ses adhérents votent en général gaulliste ou centriste.

La Confédération Générale du Travail – Force Ouvrière (C.G.T. – Force Ouvrière) est un groupement réformiste issu, en 1947, d'une rupture avec la C.G.T. «Force ouvrière» s'oppose à l'automatisme de la grève généralisée prôné par les marxistes et favorise le paritarisme, système qui consiste à créer des assemblées où employeurs et salariés ont un nombre égal de représentants élus. Cette conception qui vise une coopération des partenaires sociaux reflète quelques idées de base du programme politique des Réformateurs. La masse des syndiqués «Force ouvrière» vote cependant socialiste.

La Confédération Générale des Cadres (C.G.C.) s'oppose à l'égalitarisme des grands syndicats. Défendant la hiérarchie des fonctions et des salaires, elle soutient le principe conciliateur d'une «économie concertée». En politique, ses membres ne cachent pas leurs sympathies pour les Républicains indépendants et les Réformateurs.

8. Quels sont les problèmes d'un délégué du personnel?

Cf. texte 64.

La situation d'un délégué du personnel est délicate. D'une part, il est un salarié tenu de respecter l'autorité des dirigeants de l'entreprise, d'autre part, il est le représentant de ses camarades de travail dont les revendications l'obligent souvent à se dresser contre cette autorité. «Bouc émissaire» des ouvriers et «bête noire» des cadres, il se voit confier une mission toujours ingrate: faire respecter les règlements du Code du Travail. Le plus souvent, il s'occupe de questions techniques relatives à l'hygiène et à la sécurité du travail. C'est ainsi qu'il transmet à la direction des réclamations concernant la capacité et la salubrité des locaux, l'aménagement des lavabos et des vestiaires, la qualité des repas servis à la cantine, l'état et le fonctionnement des outils, la prévention contre les incendies, etc. Son activité est «monotone, lassante», son rôle est «ingrat, peu glorieux», et finalement, ce ne sont que les «périodes de grande action», c'est-à-dire les grèves, qui lui confèrent un sentiment plus exaltant de sa fonction et de sa personne.

9. Quelle est l'attitude des travailleurs vis-à-vis des délégués?

Cf. texte 64: Documentation.

D'après cette enquête, la grande majorité (80% respectivement 77%) des ouvriers est convaincue de l'intégrité et de la compétence des délégués du personnel; un quart (24%) des interrogés seulement leur attribue des motifs égoïstes, mais plus d'un tiers (36%) a l'air de croire qu'il s'agit de vrais saints qui se sacrifient aux intérêts de gens indignes de leur sollicitude.

L'image type du délégué du personnel, qui se dégage de ce tableau, est assez flatteuse. Mais il est fort probable que la réalité vécue se présente souvent différemment. Dans un cas de conflit par exemple, les «rouspétances» et les «engueulades» (cf. le texte de Rioux) des camarades sont sans doute plus impressionnantes que la bienveillance tranquille qu'ils témoignent à leurs représentants lors d'une enquête, la tête reposée. Toujours est-il que les succès incontestables que les syndicats ont remportés au cours des dernières décennies, renforcent, dans les entreprises, la position de leurs militants qui remplissent, assez régulièrement, aussi les fonctions des délégués du personnel.

10. **Quelles sont les dates les plus importantes dans l'histoire du mouvement ouvrier et syndical en France?**

Cf. texte 64: Chronologie.

Faisons un tri en ne retenant que les moments historiques du syndicalisme.

1895   Création de la C.G.T. Jusqu'à la constitution de la C.F.T.C., en 1919, le mouvement syndical français gardera son unité.

1906   La Charte d'Amiens établit la théorie de l'indépendance du syndicalisme à la fois devant le patronat, les partis politiques et l'Etat.

1919   La naissance du syndicalisme chrétien (C.F.T.C.) met fin à l'unité syndicale.

1921   La minorité révolutionnaire de la C.G.T. rompt avec l'organisation centrale. La fondation de la C.G.T.U. (Confédération Générale du Travail Unitaire), de tendance communiste, établit en France, jusqu'à 1935, le pluralisme syndical.

1936   La victoire du Front Populaire et la reconstitution de l'unité syndicale (en 1935, la C.G.T.U. rejoint la C.G.T.) sont à l'origine des grandes grèves de mai/juin 1936. L'accord Matignon, conclu le 7 juin 1936 entre le gouvernement, le patronat et la C.G.T., améliore considérablement la situation des ouvriers (conventions collectives, liberté d'opinion et libre exercice du droit syndical, l'institution des délégués du personnel, une augmentation générale des salaires, la semaine de quarante heures, les congés payés).

1941   La Charte du Travail de Vichy institue un syndicat de base unique et obligatoire qui remplace le dualisme employeurs – salariés par un système de coopération concertée. Les grèves et le lock-out sont interdits. En 1944, la Charte est déclarée nulle.

1944/45 D'inspiration syndicaliste, le programme politique de la Résistance est partiellement réalisé (nationalisations, institution de comités d'entreprise, assurances sociales).

1946   Constitution de la C.G.C.

1947   La création de «Force Ouvrière» consomme la rupture entre communistes (les dirigeants de la C.G.T.) et socialistes (les dirigeants du groupement scissionniste).

1964   Scission du syndicalisme chrétien (C.F.D.T., ex-C.F.T.C. et C.F.T.C. «maintenue»).

1968   Les «événements» de mai/juin: grèves et occupations d'usines. Les revendications des ouvriers sont partiellement réalisées par les «accords de Grenelle».

II. Connaissance du vocabulaire

1. **Expliquez le sens des mots suivants:**
le type idéal (cf. texte 58: Vocabulaire)
le groupe social (ibid.)
la classe sociale (ibid.)
le bourgeois (ibid.)
l'idéologie (cf. texte 59: Notes)
les notables (cf. texte 60: Vocabulaire)
le délégué du personnel (cf. texte 64: Vocabulaire)
le permanent (cf. texte 64: documentation).

2. **Donnez les antonymes des mots suivants:**
la puissance (texte 58): impuissance, faiblesse
l'aisance (ibid.): pauvreté, gêne, embarras
minoritaire (texte 59): majoritaire
le succès (texte 62): échec, défaite
être en retard (texte 62): être en avance
échouer (texte 62): réussir, avoir du succès.

LES FORCES RELIGIEUSES

Textes 65 – 69

I. Connaissance de la matière

1. Quel est le pourcentage des catholiques pratiquants?

Cf. le manuel: Introduction.

«Sur les 50 millions de Français, on compte environ 90% de baptisés catholiques, 30% vont à la messe régulièrement; les véritables pratiquants, observant les fêtes religieuses, ne sont que de 10 à 15%».

La définition que donne ce passage d'un pratiquant doit être interprétée. Un pratiquant va régulièrement à la messe le dimanche et fréquente régulièrement les sacrements. Une définition pleinement satisfaisante devrait, en plus, faire état du degré d'authenticité, d'intériorité, de sincérité du comportement religieux. Un «pratiquant» doit-il être convaincu du sens de ses gestes ou suffit-il, pour l'être, de les accomplir par conformisme social? Là, évidemment, les statistiques sont impuissantes.

Complétons toutefois ces indications par le résultat d'un sondage, effectué en 1972 par la SOFRES, institut spécialisé dans ce genre d'enquêtes.

D'après un questionnaire détaillé soumis à un groupe représentatif de la population, il y a
– 21% d'«indifférents», totalement étrangers à l'Eglise,
– 38% de «périphériques extérieurs» qui acceptent l'Eglise comme facteur d'ordre ou bien comme élément familier du décor,
– 17% de «frontaliers» qui, sans être pratiquants, se sentent proches de l'Eglise,
– 24% d'«intégrés» qui ont un fort sentiment d'appartenance à l'Eglise.

Dans cette dernière catégorie, un peu moins de la moitié se sentent très solidaires de l'institution. Parmi eux, il faut évidemment compter les prêtres (trente-cinq mille), les religieux (quinze mille), les religieuses (cent dix mille) et les laïcs militants dont le nombre est difficile à chiffrer. (*La Croix*, 21 mars 1972).

2. Quel est le nombre des protestants? Quelle est leur influence dans la vie économique, sociale et politique de la France?

Cf. le manuel: Introduction, et le texte 67.

«Les protestants sont à peu près 800 000, environ 1,6% de la population actuelle».

Réprimé sous l'Ancien Régime, réhabilité par la Révolution, le protestantisme français est volontiers républicain et libéral. Le rôle que jouent ses élites dans la société française, dépasse de loin son importance numérique. L'exemple des protestants français – comme ceux des Huguenots prussiens, des Juifs allemands, des Juifs américains – montre une fois de plus qu'une minorité active est capable de compenser la quantité par la qualité. Animés par l'éthique du calvinisme, les bourgeois protestants assurent d'abord leur base économique. Il y a proportionnellement beaucoup plus de commerçants, industriels, banquiers d'origine protestante que catholique. Cette implantation économique va de pair avec la pénétration du monde universitaire. Nombreux sont les protestants anciens élèves des «grandes écoles» qui occupent des postes clés dans les cabinets ministériels, la diplomatie, l'inspection des finances, de même qu'ils fournissent une partie considérable des cadres supérieurs dans les secteurs privé et nationalisé. Le niveau culturel supérieur des Protestants dont parlent Coutrot et Dreyfus, se fait sentir aussi au sein des classes laborieuses. L'exemple de l'Alsace est typique de la facilité d'adaptation dont font preuve beaucoup de salariés protestants désireux de s'assurer une position stable. Ajoutons que l'engagement social est un trait caractéristique du protestantisme alsacien, tradition illustrée par J. F. Oberlin (1740–1826) et A. Schweitzer (1875–1965).

3. Dans quelles régions françaises se trouve encore un grand pourcentage de catholiques pratiquants? Caractérisez ces régions.

Cf. la documentation: Pratique religieuse catholique.

L'observance catholique majoritaire est caractéristique de quelques grandes régions limitrophes telles que la Bretagne, la Vendée, les Basses-Pyrénées, la Savoie, le Jura, l'Alsace, une partie de la Lorraine et du Nord de même que d'une partie du Massif Central. Les différences entre régions «tièdes» et régions de foi profonde se font déjà sentir sous l'Ancien Régime, mais c'est au moment de la Révolution qu'elles éclatent au grand jour. Les régions qui donnent le ton politique et qui font la loi économique de la nation, ont fortement subi l'ascendant des idées rationalistes et révolutionnaires, les autres, longtemps et de nouveau retardataires économiquement et conservatrices intellectuellement, opposent au jacobinisme athée de la République la volonté de sauvegarder leur «personnalité» régionale qui s'articule volontiers sur le plan religieux. Evidemment, l'histoire a passé outre aux querelles de jadis, et le souvenir de l'insurrection vendéenne par exemple est effacé. De nos jours, le catholicisme qui jouit d'un certain regain de faveur auprès des classes aisées, voit, par contre, se désagréger la masse conformiste de ses adhérents dans ses fiefs traditionnels, sans que la diminution numérique des pratiquants — surtout du côté des hommes — soit rachetée par l'approfondissement de la foi d'une élite minoritaire. L'Eglise française est matériellement pauvre, elle vit en marge de la République, et l'influence qu'elle exerce sur la politique sociale est modeste. Mal adaptée au climat revendicateur imposé par les partis de gauche, ses concurrents directs, elle a du mal à défendre l'idéal de la «Charité» contre les fronts figés du combat social institutionnalisé. L'exode rural continue d'affaiblir sa position, et son implantation, propagée par ses éléments progressifs, dans le milieu ouvrier, est encore trop peu stable pour qu'on puisse parler d'un succès.

4. Pourquoi y a-t-il un conflit latent dans le catholicisme français?

5. Indiquez les attitudes et comportements les plus importants qui caractérisent
   - **les catholiques de gauche**
   - **les catholiques de droite.**

Cf. le texte 65 et la documentation qui le complète.

Coutrot et Dreyfus opposent le catholicisme «sociologique», c'est-à-dire formaliste et conservateur, à une minorité militante qui veut intégrer l'Eglise dans la société industrielle. Ce conflit est «latent» puisque les autorités ecclésiastiques qui, traditionnellement, cherchent à maintenir intact leur patrimoine spirituel, évitent, si possible, de critiquer ouvertement les «mouvements» qui, eux, se gênent moins d'attaquer l'«Eglise-Institution». Les militants laïcs progressistes s'en prennent volontiers à l'Eglise hiératique avec ses pontifs, son code hermétique, ses rites figés, ses formules vides, sa morale hypocrite et réactionnaire. Les traditionalistes rétorquent qu'il n'y a pas compatibilité entre la foi et les idéologies de gauche.

Récemment, et toujours sous le silence gêné des évêques, catholiques de droite et de gauche sont passés à l'action. Ils organisent des réunions pour afficher leurs thèses et condamner celles du parti adverse. C'est ainsi par exemple que les «rassemblements de Rennes» (avril/mai 1972) opposent le groupement orthodoxe des «Silencieux de l'Eglise» au mouvement progressiste des «Chrétiens en recherche».

La notion clé des débats est la «communauté catholique». Dans un mémoire destiné aux évêques, les «Silencieux» exigent «une parole claire au plan pastoral» précisant notamment «qui est d'Eglise et pourquoi on est d'Eglise», tandis que les «Chrétiens en recherche» contrent cette initiative discriminatoire en déclarant, par la bouche d'un de leurs porte-parole: «Le changement des structures de notre société passe par l'action collective à l'intérieur des partis et des syndicats. Une communauté de base ne peut en aucune façon servir de palliatif, de refuge ou d'alibi à ceux qui ne veulent pas s'engager». (*Le Monde* du 3 mai 1972, p. 15).

La scission qui s'amorce dans de telles prises de position, se fait sentir aussi dans le comportement politique, et ceci jusqu'au sein du clergé. D'après un sondage IFOP publié en janvier 1973, 50% des prêtres ont des sympathies pour les Gaullistes, 16% se déclarent convaincus du programme réformateur, 25% préfèrent le parti socialiste, 7% optent pour le P.S.U. et 2% pour le P.C. La tendance se précise si l'on examine les options des prêtres de moins de 40 ans: 64% d'entre eux se prononcent pour la gauche, dont 42% pour le P.S., 15% pour le P.S.U. et 7% pour le P.C. (*Le Monde* du 6 février 1973, p. 10).

Il est sans doute abusif de déduire de ces indications l'évolution future du catholicisme français, mais elles expliquent l'antagonisme idéologique qui divise catholiques de droite et de gauche sur des questions aussi litigieuses que les problèmes social, scolaire, économique, colonial et celui de l'«engagement du chrétien».

De façon générale, la «droite» soutient le statu quo en tenant compte des rapports de force des pouvoirs établis. Elle défend la société hiérarchique de même que l'idéologie des valeurs sacrées telles que la patrie et la propriété, et elle a quelque peu tendance à forcer les consciences pour maintenir la solidarité du bloc chrétien conçu comme instrument de pression politique.

La «gauche», par contre, est toute prête à sacrifier l'action chrétienne fractionnelle à l'unité d'action sociale conclue avec des groupes d'obédiences différentes. Elles se dresse contre toute exploitation de l'homme par l'homme et prône le nivellement des principales structures économiques et sociales pour redécouvrir le sens perdu — et sans doute utopique — du christianisme primitif.

6. Décrivez l'action des prêtres-ouvriers.

Cf. texte 66.

Le mouvement des prêtres-ouvriers (actuellement «prêtres au travail»), né en France à la veille de la deuxième guerre mondiale et interdit en 1954 par les autorités ecclésiastiques, relayé en 1957 par la «mission ouvrière» et définitivement réadmis en 1965 par le concile du Vatican II, constitue, de la part de l'Eglise, la tentative la plus intéressante de reconquérir les masses déchristianisées des ouvriers.

Les prêtres partagent les conditions de travail et de vie des ouvriers: ils travaillent à la chaîne, prennent les repas dans les cantines, logent dans les résidences ouvrières. Comme leurs collègues de travail, ils s'engagent dans le combat social, militent dans les syndicats, font la grève et subissent le lock-out décidé par les patrons. Ceci, bien sûr, en respectant leurs vœux de religion.

Familiers de la mentalité ouvrière, ils se gardent bien de donner dans la rhétorique missionnaire; ils cherchent plutôt à convaincre par l'exemple. Leurs chances de succès sont pourtant modestes: les ouvriers, et jusqu'aux marxistes militants, les acceptent comme camarades et apprécient notamment leur dévouement à toute épreuve, mais, matérialistes sceptiques, ils se refusent le plus souvent à un engagement d'ordre spirituel. Si l'activité des «prêtres au travail» se solde quand même par un succès, c'est surtout dans la réforme interne de l'Eglise qu'il faut le chercher. D'abord effrayées par le radicalisme social des prêtres-ouvriers, les autorités ecclésiastiques semblent avoir compris entre temps qu'il est urgent de s'assurer de leur aide et de leur prestige pour donner créance à la politique de modernisation générale officialisée lors du dernier concile.

7. Dans quelles régions françaises trouve-t-on un fort pourcentage de protestants? Pourquoi?

Cf. le manuel: Documentation.

Les protestants représentent plus du quart de la population dans un seul département: le Bas-Rhin. Sept autres départements comptent entre 5% et 25%: le Haut-Rhin, le Doubs, la Lozère, l'Ardèche, le Gard, la Drôme et les Deux-Sèvres. Les centres les plus importants du protestantisme français sont donc l'Alsace et les Cévennes.

Au moment de la révocation de l'Edit de Nantes (1685) il y a plus de huit cent mille protestants en France, soit un vingtième à peu près de la population entière. Plusieurs centaines de mille d'entre eux quittent alors le royaume. Parmi ceux qui restent, nombreux sont ceux qui refusent de s'intégrer dans l'Eglise romaine. L'interdiction de leur culte ne les empêche pas de le pratiquer en cachette. L'«Eglise du désert» s'établit dans les Cévennes, région sauvage où elle peut braver les persécutions. Durement éprouvée, décimée, mais moralement intacte, la communauté huguenote se maintient et s'apprête, après sa réhabilitation, à regagner, à partir de sa terre de refuge, une partie du terrain perdu.

La situation du protestantisme alsacien est toute différente. Le rattachement de l'Alsace à la France, conclu par l'occupation de Strasbourg en 1681, ne modifie guère la position de l'Eglise luthérienne qui est solidement implantée dans les villes. Elle le restera au cours de l'histoire mouvementée de la région: les autorités allemandes, évidemment, ont tout intérêt à resserrer les liens qui attachent la minorité protestante alsacienne aux Eglises puissantes d'outre-Rhin; et Paris se garde bien d'indisposer les notables protestants dont l'influence politique, économique et social est considérable.

8. Expliquez la signification du mot «laïcité».

9. Quelles étaient les conséquences de la loi du 9 décembre 1905?

Cf. texte 69: Introduction.

La laïcité est le principe de séparation de la société civile et de la société religieuse. L'Etat garantit la liberté de conscience et de culte des citoyens sur le plan individuel, mais il n'admet pas que les Eglises exercent un pouvoir politique. En précisant que «... la République ne reconnaît, ni ne salarie, ni ne subventionne aucun de ces cultes», la loi du 9 décembre 1905 met fin au régime concordataire. Les églises perdent leur position officielle et leurs principales ressources, puisque le budget des cultes est supprimé. En revanche, elles retrouvent leur autonomie: l'Etat perd le droit d'intervenir dans la nomination et dans la surveillance du clergé.

La question qui, à l'époque, passe pour la plus litigeuse, est celle des biens appartenant à l'Eglise. Comme l'Eglise n'est plus reconnue comme une «personne morale», ses biens doivent être dévolus à des «associations culturelles» de personnes laïques. Le pape, de son côté, réclame ces biens pour l'Eglise en tant que «corps hiérarchique divinement institué» et condamne le système des «culturelles» qui, par conséquent, ne sont pas constituées. L'Etat confisque alors les biens ecclésiastiques et les remet à l'Assistance publique. Les églises restent à la disposition des prêtres, et le culte obtient le statut d'une «réunion publique».

Le problème le plus lourd de conséquences est cependant celui de l'Ecole libre. Dès 1902, le ministère Combes applique de façon restrictive la loi de 1901 sur les associations. Environ dix mille établissements d'enseignement congréganistes sont fermés; et la loi du 7 juillet 1904 prévoit la suppression de toutes les écoles privées dans un délai de dix ans. Appliquée avec mollesse, puis suspendue en raison de la guerre, cette loi ne donnera pas satisfaction à ses promoteurs: après 1918, l'enseignement libre se développe à nouveau. De nos jours, la plupart des formations politiques reconnaissent l'utilité publique des écoles catholiques. De plus, celles-ci sont toujours populaires; l'homme politique qui les remettrait en cause, risquerait fort de hérisser sa clientèle électorale. Les débats parlementaires que continue de susciter leur financement, s'attaquent rarement à leur raison d'être. La question est pourtant loin d'être tranchée. C'est ainsi que le «programme commun» de la gauche réclame de nouveau le monopole de l'école laïque.

10. Qu'est-ce qu'une C.O.D.E.R.?

Cf. les textes 16 et 65.

C.O.D.E.R. signifie «Commission de développement économique régional». C'est une assemblée qui se compose
- de représentants élus des groupements socio-professionnels (50%),
- de représentants élus des collectivités locales (25%),
- de personnalités nommées par le Premier ministre (25%).

Instituées sous la présidence du général de Gaulle et chargées essentiellement d'élaborer des projets d'aménagement du territoire, les C.O.D.E.R. fournissent un travail technique souvent précieux. Mais elles restent impopulaires en raison de la présence, dans leur sein, de membres délégués d'en haut qu'on soupçonne, à tort ou à raison, de servir en premier lieu le pouvoir central et de freiner les initiatives régionales plutôt que de les encourager. La loi du 5 juillet 1972 donne une orientation plus démocratique à la politique de la régionalisation: le «conseil régional» est doté de la «personnalité morale» et de l'«autonomie financière», et, contrairement à la C.O.D.E.R., aucun de ses membres − députés, sénateurs, représentants des collectivités locales − n'est nommé par le gouvernement. Mais cette réforme ne va pas suffisamment loin aux yeux des régionalistes convaincus et surtout des élus locaux dont l'association nationale affirme en avril 1973: «Le conseil régional doit être élu au suffrage universel direct, afin de ne pas devenir un succédané des C.O.D.E.R.» (*Le Monde* du 6 juillet 1973, p. 6).

II. Connaissance des méthodes

Faites un portrait moral
– du prêtre-ouvrier,
– du grand-père d'André Gide.
Cf. textes 66 et 68.

Conseils pour la rédaction:

1. Gilbert Cesbron: L'abbé Pierre

Critères d'observation
La nature et la structure du texte:
C'est un dialogue dialectique, extrait d'un roman.
Sa fonction:
En opposant deux points de vue et en circonscrivant ainsi le problème central, il fait ressortir le caractère du personnage principal.
Les procédés du portraitiste:
– Il indique quelques réactions non-verbales significatives du personnage: «Pierre ne répondit pas, ... tendit ses mains vers lui, ... baissa la tête, ... reprit à mi-voix, ... se tut, ... murmura ...».
Pierre qui, au début de l'entretien, est assez sûr de lui-même – il lui arrive deux fois de couper la parole à son interlocuteur imposant –, a du mal à garder son assurance au cours de l'interrogatoire: il hésite, cherche ses mots, mais, timide et courageux à la fois, arrive finalement à tenir tête à l'archevêque.
– Il caractérise le personnage en précisant la part qu'il prend à l'action:
Passif, Pierre, subit l'entretien: son rôle est comparable à celui d'un accusé, celui de l'archevêque est inquisiteur. Actif, Pierre transforme l'interrogatoire en véritable dialogue. Il ne redresse pas seulement la situation, il passe même à l'attaque en opposant sa profession de foi à celle, conventionnelle, de l'archevêque.
– Il peint le personnage par les propos qu'il tient et par le vocabulaire que d'autres emploient pour le caractériser, directement ou indirectement.
L'archevêque est le représentant de l'Eglise-Institution. Selon lui, la force de l'«Eglise Catholique Romaine» réside dans l'«unité» et dans l'«obéissance», elle se traduit quantitativement («Combien de ...?») dans le nombre des «baptêmes», des «communions», des «mariages», des «assistances à la messe». Que ceux qui n'acceptent pas ce point de vue, ne s'étonnent pas de se voir traités de «communistes».
Pierre, lui, parle au nom de l'Eglise-Communauté qui accueille les «Petits», les «Humiliés», ceux qui ont «faim et soif de justice». Selon lui, la force de cette «Eglise primitive» et «apostolique» renouvelée réside dans «le Christ», elle se traduit qualitativement dans la «fraternité», le «désintéressement», dans l'«amour grandissant». C'est l'«Evangile vécu» qui combat l'«ordre établi».

Synthèse:
Pierre, prêtre-ouvrier, mais ouvrier plutôt que prêtre («... je suis devenu tout en mains ...»), humble, timide et habitué à se voir traité de haut (L'archevêque l'appelle «mon petit».), mais pénétré de la justice de sa cause et rendu courageux par elle, trouve la force de braver l'autorité ecclésiastique établie au nom des valeurs primitives du christianisme telles que la fraternité, l'amour, la justice. Solidaire des pauvres et conscient de sa responsabilité sociale, il est arrivé à un point crucial de sa vie de prêtre: plutôt que de décevoir la confiance de ses amis prolétaires, il quittera l'Eglise.

2. André Gide: Tancrède Gide
L'auteur
– ne présente pas un personnage fictif. Il assure le lecteur de l'authenticité du portrait en se référant au témoignage de personnes dignes de crédit;
– décrit le caractère du personnage à travers le physique: Tancrède Gide est «très grand, très fort, anguleux», donc le type modèle d'un «huguenot austère, entier, ... scrupuleux à l'excès, inflexible ...»;
– indique le rôle social du personnage en faisant état de ses activités principales: «... il s'occupait alors presque uniquement de bonnes œuvres et de l'instruction morale et religieuse des élèves de l'école du Dimanche»;

– insiste sur un trait de caractère qui marque le plus la personnalité de l'homme: La confiance en Dieu qui va jusqu'à l'«outrance». Cf. son attitude envers la maladie et la mort;

– explique le comportement du personnage par le milieu: «... des outrances comme celles de mon grand-père n'y faisaient assurément point tache...». Il insiste particulièrement sur l'histoire de la région et de ses habitants imprégnés du souvenir de la résistance contre les persécutions religieuses subies par leur ancêtres. De là leur «raidissement intérieur» et leur fier sentiment d'être «le sel de la terre».

III. Connaissance du vocabulaire

1. Expliquez le sens des mots et expressions suivants:

la mission apostolique du prêtre (cf. texte 66): le devoir des prêtres qui consiste à suivre l'exemple des apôtres en apportant la foi aux païens.
Emploi moderne: la reconversion des masses déchristianisées.

le baptême (cf. texte 66): administration d'un sacrement destiné à effacer le péché originel et à rendre chrétien.

l'archevêque (cf. texte 66): évêque d'une province ecclésiastique qui comprend plusieurs diocèses et dont le siège porte le titre d'archevêché.

être en état de grâce (cf. texte 66): bénéficier d'une aide surnaturelle qui rend l'homme capable d'accomplir la volonté de Dieu et de parvenir ainsi au salut. Pour accéder à la grâce, le chrétien doit se faire remettre les péchés.

le bonnes œuvres (cf. texte 68): les charités que les chrétiens sont tenus de faire pour aider les indigents; par extension: l'administration de fondations pieuses et charitables.

la chute (cf. texte 68): l'action de tomber.

l'hôtel meublé (cf. texte 66): hôtel dont les chambres ou les appartements sont loués avec des meubles et des ustensiles sans que les locataires y trouvent les commodités du service qu'offre l'hôtel normal.

le meeting (cf. texte 66): réunion où l'on délibère sur un sujet politique ou social, sur une élection, etc.

2. Trouvez le mot qui convient à la définition:

– **Office divin, hommage qu'on rend à Dieu:** *le culte.*
– **Croyance aux enseignements d'une religion:** *la foi.*
– **Rite religieux institué par Jésus-Christ pour donner ou augmenter la grâce:** *le sacrement* (exemples: la confession, la communion).
– **Table pour les sacrifices:** *l'autel.*
– **Dévotion, affection et respect pour les choses de la religion:** *la piété.*
– **Acte de religion par lequel on s'adresse à Dieu pour l'implorer ou pour l'adorer:** *la prière.*

IV. Connaissance de la grammaire

quand – si
Mettez la conjonction convenable:
– Nous ne ferons rien de grand *si* nous n'avons pas d'idéal.
– *Quand* nous sommes seuls, n'oublions pas que Dieu nous regarde.
– Vous me direz son nom *si* je vous le demande.
   (Mais: .... *quand* je vous le demanderai).
– J'espère que vous me diriez son nom *si* je vous le demandais.
   (Mais: J'espère que vous me direz son nom *quand* je vous le demanderai).
– *Quand* je suis en voyage, je n'aime pas être à court d'argent.
– *Quand* (ou, selon le sens: *Si* ....) on a faim, on n'hésite pas à voler.